말하기와 보상

아동양육시설 실무자를 위한 양육가이드북 2

말하기와 보상

정은진, 최은정, 김경미, 서유지, 박지영 공저

REAL
LEARNING

양육시설로 온 한 아이가 자라나려면 - 신체적인 의미에서 뿐 아니라, 정신적이고 영적인 차원을 비롯한 전인적인 차원에서 성장하려면 - 부모의 관심과 사랑이 무너진 폐허에서 모든 것들을 새로 시작해야 합니다. 정상적인 경우라면, 백지상태에서 출발하겠지만, 시설에 온 아이들은 시작점이 다릅니다. 깨어진 관계를 경험한 아이에게 접근할 때는 매우 신중해야 하며, 말과 행동을 일치시켜야 합니다. 말과 행동에서 일관성 있게 "너는 소중한 사람이야.", "존재만으로도 넌 가치 있는 사람이야.", "네가 있어서 참 좋아."라는 메시지가 전달될 때, 무너진 신뢰와 관계가 회복되기 시작하고 아이는 서서히 자신을 존중하기 시작합니다. 아동 양육을 단적으로 말하면, "다시 관계를 세우는 일"이라고 말할 수 있습니다. 관계 형성이 되면, 양육의 목표를 이루었다고도 할 수 있습니다.

이렇게 양육자와의 관계를 형성한 아이는 그 신뢰의 기반 위에서 성장하고 자라며, 어른이 될 수 있습니다. 존중감을 바탕으로 세워진 '관계 형성'이 아동성장의 핵심이자 중추입니다. 존중감이 뿌리라면, 관계는 줄기입니다. 이 둘은 언어에서부터 시작되어, 일관된 행동과 실천으로 연결되어야 완성됩니다. 뿌리와 줄기가 회복된 꽃나무는 성장할 수 있습니다. 요즘 아동 양육시설 출신 자립 청년들의 자립문제가 사회적 이슈로 떠오르고 있습니다. 이것은 단순히 자립기술이 모자라서가 아니라, 존중감과 관계가 충분히 회복되지 않은 자아가 단단하고 냉정한 사회를 견디지 못해서 일어난 일들로 보입니다. 무너진 폐허더미에서 건져낸 아이들을 다시 원래의 모습으로 회복시키는 방법과 접근에 관해서는 더욱 많은 심층적 연구가 필요하다고 생각하며, 이 두 번째 가이드북에서는 존중감과 관계를 위한 <말하기와 보상>이라는 실제적인 주제를 다루어보고자 합니다.

2021년 아동 양육시설 실무자를 위한 첫 번째 양육가이드북 <초등학생의 꾸물거림에 대하여>가 세상에 나온 뒤, 실무자분들과 교육 및 질의 응답시간을 가지면서 아이에게 어떻게 말해야 할지, 또 잘하는 행동을 강화하기 위해 어떤 방법으로 보상해야 할지 구체적으로 고민하시는 것을 보았습니다. 아이들을 가슴으로 품어주는 '그릇'이 사랑이라면, 그 그릇을 전해주는 손길은 바로 '말'입니다. 같은 음식도 손길에 따라 소담스럽게, 깔끔하게, 먹음직스럽게, 푸짐하게, 넉넉하게, 정갈하게 각기 담아집니다. 그 사랑과 진심이 왜곡되거나 흐려지지 않고 잘 전달되기를 바라는 마음으로 아이들과 실무자분들, 원장님들을 만나 인터뷰를 진행하고, 이론과 실제들을 엮어 <말하기와 보상> 가이드북을 집필하였습니다. 인터뷰에 응해주신 모든 분, 또한 가이드북과 영상이 세상에 나오도록 지원해주신 한국아동복지협회에 깊이 감사드립니다.

사랑을 선택하며 계속 걸어가기 원하는
양육의 지혜 연구팀 드림

'우리 시대 아동특성 및 양육환경의 변화에 따른 최고의 양육 가이드북'!!

'꾸물거리는 특성과 기질을 가진 아동들을 이해하고 기다려주려면 어떻게 해야 할까?' 이 질문은 아동복지현장에서 오랜 기간 고민해온 문제입니다. 2021년 발간된 첫 번째 양육가이드북 <초등학생의 꾸물거림에 대하여>는 다양한 아동의 기질에 알맞은 대응방법과 문제점들을 해결할 수 있는 새롭고도 구체적인 방법들을 제시해 준 가이드입니다.

<초등학생의 꾸물거림에 대하여> 시설편이 아동 양육시설 현장에서 양육자와 아동 간의 많은 갈등과 어려움을 해결하는 데 큰 역할을 해 주었다면, 이번에 발간된 두 번째 양육가이드북 <말하기와 보상>은 한 걸음 더 나아가 인간관계의 시작인 '말'을 통해 양육자와 아동들의 관계를 회복하고, 상처 난 마음을 깨끗하게 치유해줄 뿐만 아니라 서로를 세워주는 방법까지 제시하였습니다. 아동을 양육하는 모든 분께 강력히 추천합니다.

이 책이 발간되기까지 그 어떤 대가 없이 자신의 소중한 시간과 열정을 쏟아주신 '양육의 지혜 연구팀' 모든 분께 진심으로 감사합니다.

한국아동복지협회 **신정찬 회장**

'현장에 있는 많은 선생님에게 아주 적절한 가이드'

2021년 첫 번째 양육가이드북인 <초등학생의 꾸물거림에 대하여>에 이어 두 번째 가이드북인 <말하기와 보상>이 나오게 되어 무척 감사한 마음이 듭니다.

첫 번째 가이드북이 양육자들이 아이들을 양육하면서 '어떻게 하면 아이들과 공감대 형성을 잘 하며 아이들 마음을 잘 살펴줄 수 있는가'에 대한 가이드였다면, 두 번째 가이드북에서는 좀 더 나아가 잘하는 소통, 잘하는 말하기, 잘하는 보상에 대한 구체적인 가이드가 제시될 것입니다. 그래서 더 기대가 더 되는지도 모르겠습니다.

우리는 모두 아이들을 잘 키우고 싶어 합니다. 시설에 있지만, 가정에서 잘 자라는 아이 못지않게 많은 사랑을 받으며 정서적으로도 안정될 수 있도록, 맡겨진 아이들을 키우고 싶어 합니다. 궁극적으로 아이들이 퇴소한 후에 혼자 살아가면서 건강한 가치관을 갖고 자존감이 떨어지지 않게 살아가기를 바랍니다.

 그러기 위해서는 주 양육자가 될 수 있으면 안 바뀌어야 하고, 라포형성이 잘 되어있어야 합니다. 또한 아이들이 자랄 때 많이 뛰어놀고, 다양한 배움의 기회를 얻고, 좋아하는 예체능 활동을 하며, 양육자와 대화하고 소통하는 시간을 많이 가져야 합니다.

 그런 면에서 이 두 번째 양육가이드북 <말하기와 보상>은 우리 양육자와 아이들과의 소통 방법에 또 한 번 큰 도움을 주는 아주 적절한 가이드 역할을 해 주며, 현장에 있는 많은 선생님들에게 도움이 되리라 봅니다.

이든아이빌 **이소영 원장**

목차

두 번째 양육가이드북을 세상에 내어놓으며   5

추천의 글   8

1부. 말하기

1장 의사소통의 종류와 기능

1. 정보전달 의사소통   20

    1) 효과적인 정보전달 의사소통방법

    2) 일대일 대화 예시

2. 행동기대 의사소통   31

    1) 효과적인 행동기대 의사소통방법

    2) 일대일 대화 예시

3. 상호작용 의사소통   45

    1) 효과적인 상호작용 의사소통방법

    2) 일대일 대화 예시

2장 의사소통의 방해요인들

1. 환경적 특성   52

2. 소통하기 힘든 아이들   53

3. 의사소통의 걸림돌   56

3장 **힘이 되는 말**

1. 칭찬   68

2. 인정   71

3. 격려   74

4. 발달 시기에 따른 의사소통   77

4장 **표현하는 말**

1. 요청   82

    1) 준비된 요청

    2) 요청의 기술

2. 주장   86

    1) 자기주장 4단계

    2) 자기주장의 기반이 되는 3가지

3. 사과   94

    1) 가장 좋은 사과

    2) 사과를 희석하는 말 2가지

2부. 보상

1장 **보상이란**   103

2장 **보상의 실제** 시설장 인터뷰 정리

  1. 아이들을 위한 보상   108

    1) 가지고 싶은 것

    2) 정서의 항아리 채우기

    3) 특별한 날

    4) 더 넓은 세상 경험하기

    5) 방별 및 전체 보상

    6) 보상의 기준

    7) 효과적이지 않은 보상

  2. 선생님들을 위한 보상   127

    1) 숨 고르기

    2) 힘 북돋우기

    3) 보상의 기준

    4) 효과적이지 않은 보상

  실무자들이 말하는 우리 원의 강점   133

3부. 말의 힘과 양육의 지혜 모으기

1장 아이에게 양육자는 누구인가?

1. 양육자의 자리 - 돕는 친구   143
2. 양육자의 말 - 마음 중심에 있는 진실한 권고   146

2장 양육자들의 고민

1. 내부적 고민 – 조직 분위기   150
2. 외부적 고민 – 사회의 시선   153
3. 양육자들의 연대가 필요하다   157

부록

1. 아이들이 생각하는 쓴소리란?   160
2. 듣기 싫은 말   163
3. 듣기 좋은 말   165

1부.

말하기

1장 의사소통의 종류와 기능
2장 의사소통의 방해요인들
3장 힘이 되는 말
4장 표현하는 말

1장

의사소통의 종류와 기능

아동들과 의사소통을 잘 한다는 것은 어떤 것일까요?

서로가 가진 뜻과 생각이 막히지 않고 잘 통한다는 것입니다.

인간은 본성적으로 상호작용을 하려는 존재이며 인간은 혼자서

존재할 수 없으므로, 타인이나 집단 간의 정보를 교류하며 주고받는

자극과 반응의 끊임없는 흐름 속에서 살아갑니다.

또한, 단순한 소통을 넘어 마음과 감정, 삶의 가치관 등을 나누며

깊이 교류하고자 하는 본성을 갖고 있습니다. 그래서 아기는태어나서

2~3개월이 되면 양육자의 자극에 사회적 미소로 반응합니다.

배고픔을 알리고, 접촉하고 싶다는 것을 알리는 울음 또한

아기들의 첫 의사소통입니다.

의사소통은 여러 가지 기능을 갖습니다. 아이의 어떤 울음은

젖을 달라는 것이고, 어떤 울음은 놀아달라는 것이며,

어떤 울음은 두려워서 우는 것임을 양육자는 느낍니다.

그렇기에 아이의 울음에 젖을 주는 것, 방긋 웃으며 놀아주는 것,

아이를 꼭 안아 토닥이며 진정시키는 것으로 다르게 반응합니다.

이처럼 아동들과 의사소통을 할 때는 서로가 추구하는 목적에

적합한 기능을 가진 의사소통 방법을 선택하는 지혜가 필요합니다.

지금부터 간단하게 의사소통에 대한 이론을 소개하려고 합니다.

선생님들께서는 어떤 상황에서 어떤 기능의 의사소통방법을

선택해야 할지를 생각하시면서 읽어보시면 좋겠습니다.

1.
정보전달 의사소통
: 정보를 정확하게 전달하기

정보 전달에는 정보를 전달하는 사람, 정보를 전달하는 채널, 정보를 받는 사람이 있습니다. 선생님이 정보를 전달하는 사람이라고 했을 때, 선생님께서 전달하려는 정보를 아동이 명료하게 이해할 수 있도록 전달하는 것이 정보전달 의사소통의 목적입니다. 이때 중요한 것은 말, 행동과 몸짓, 비언어적 표정, 포스트잇 같은 쪽지 등 어떤 방식으로 정보를 전달하는 게 좋을지 선택하는 것입니다. 정보에 적합한 방식은 전달을 명료하게 하고, 부적합한 방식은 전달을 헷갈리게 할 것입니다.

전달하는 방식은 정보의 특징도 중요하지만, 듣는 사람이 이해하기 편한 방식을 선택하는 것도 중요합니다. 예를 들어 아동이 일과표를 눈으로 볼 수 있게 제공하며 일정을 설명해줄 수도 있고, 나이에 적합한 어휘 수준과 말의 빠르기에 맞춰 전달할 수도 있습니다. 만약, 아동이 청각적으로 예민하다면 듣기 편하도록 부드러운 목소리로 전달할 수 있고, 설명보다 흥미로운 책이 도움이 된다면 동화책을 통해 내용을 전달할 수 있습니다.

1) 효과적인 정보전달 의사소통방법

(1) 잡음 빼기

잡음이란 말하는 사람이 전달하고자 하는 의도가 듣는 사람에게 전달될 때 불필요한 신호들입니다. 예를 들면, 주제에서 이탈된 산만한 단어들이 섞이거나, 전달하려는 말이 너무 장황하거나 길어서 명료한 메시지 전달을 방해하는 것입니다. 즉, 대화의 잡음은 말하는 사람의 언어 속에 담긴 불필요한 메시지들입니다. 말하는 사람의 대화에 잡음이 많다면, 전달방식이 적합했더라도 듣는 사람에게 정확하게 전달되지 않을 수 있습니다.

- 나의 말에는 군더더기가 없나요?
- 나의 말은 한 가지 핵심을 전달하나요?
- 나의 말은 설명이 충분하지 않거나, 너무 장황하진 않나요?
- 불충분한 설명이 많지는 않나요?

(2) 언어와 비언어적 신호 일치

정보전달 의사소통은 언어와 비언어적 신호의 일치가 중요합니다. 말로 전달하는 정보와 비언어적 신호가 다를 때, 아동들은 타인이 전달하고자 하는 정보를 오해하거나 헷갈려서, 말하는 사람의 의도를 이해하지 못할 수 있습니다. 또한, 말하는 사람의 언어와 비언어적 신호의 불일치는 아동과 선생님들 간 갈등이 시작되는 오해의 방아쇠가 되기도 합니다.

- 나는 속상한 마음을 전달하면서 웃고 있지는 않나요?
- 기쁜 마음을 전달하면서 안 웃고 있지는 않나요?
- 칭찬하면서 전달하는 나의 접촉이 거칠지는 않나요?

(3) 정보전달

정보전달은 상황과 타인에 관한 정보를 제공해줄 때 사용할 수 있습니다. 정보전달은 상황을 파악하는 데 관심이 없는 아동, 다른 사람의 행동 의도를 잘 이해하지 못하는 아동에게 적합합니다. 선생님의 정보전달로 아동은 주변 상황을 알게 되고, 선생님의 행동 의도를 알게 되면서 사회적 상황을 조망할 수 있습니다.

상황 정보전달	타인 정보전달
선생님은 10명이 등교가 늦지 않도록 도와야 해서 챙겨야 할 일이 많아. 그래서 부지런히 준비하자고 하는 거야.	은정이가 아직 혼자 머리를 못 묶어. 머리를 묶어 달라고 선생님을 부르네. 머리 묶어주고 올게. 옷 입고 있어.
선생님 설거지 끝나면 공부 시작할 거야. 선생님 10분 뒤면, 설거지 끝난다. 10분 뒤에 하던 일 모두 마치자.	주미는 블록 만드네, 10분 뒤 끝내 줘. 민지는 지금 머리 말리네. 은정이는 10분 뒤에 게임 마쳐라.

우리가 10명이 샤워를 모두 마치려면 1명씩 10분을 해도, 1시간 20분이 걸려. 그래서 은정이가 목욕을 30분을 하면 모두 샤워를 마치는 시간이 20분 더 늦어져. 그래서 마지막에 하거나, 10분 내에 하라고 하는 거야.	은정이가 샤워를 30분을 하는 동안 민지는 기다리다가 졸려서 짜증을 내네. 주미는 기다리는 게 심심하니, 계속 장난을 치고 있어. 이런 상황이 선생님은 힘들어. 다음에는 마지막에 샤워하거나, 10분 내에 샤워를 마치자.
선생님은 5분 뒤에는 출발할 거야. 외투 챙겨서 현관으로 나와라. 5분 되기 전에 나가라.	민지가 외투를 입고 준비하네. 주미는 벌써 신발 신고 나가는구나. 은정아, 이제 외투 챙겨서 나와라.

(4) 행동묘사

행동묘사는 아동의 행동을 알아차리고 있는 그대로 묘사해주는 것입니다. 행동묘사를 통해 아동은 자신의 행동을 인식합니다. 즉, 아동이 자신의 긍정적인 행동을 인식하지 못하고 있을 때 선생님이 말로 아동의 행동을 묘사해주면, 아동은 자신의 행동에 주의를 기울여 생각과 행동을 조직화할 수 있게 됩니다.

즉, 아무 생각 없이 행동하다가 선생님의 행동묘사를 들으며 자신의 행동을 인식하게 되면서, 생각하고 행동하는 흐름이 생기고, 무엇을 행동할지 계획하게 되는 것입니다. 이때 중요한 것은 아동의 이름을 주어로 넣어, 선생님이 묘사하는 자신의 행동을 정확하게 인식하도록 돕는 것입니다. 또한, 행동묘사는 훈육상황에서 부정적 방법으로 관심을 끌려는 아동에게 긍정행동에 초점을 맞춰 행동을 묘사하거나 반영함으로써 전략적인 관심을 줄 수 있습니다.

아동 행동묘사	긍정행동 관심
은정이가 아침밥을 부지런히 먹네.	부지런히 식사하는 것
은정이가 의자에 바르게 앉아 있네.	바르게 앉은 태도
은정이가 동생에게 친절하게 물어봐 주네.	친절한 말투
은정이가 정말 신나서 활짝 웃는구나.	웃는 모습
은정이가 스스로 해야 할 일을 기억했네.	스스로 기억하기
은정이가 책상 정리를 꼼꼼하게 하네.	꼼꼼한 정리
은정이가 중요한 유인물을 잘 챙겨왔네.	유인물 챙기기
은정이가 숙제가 끝나니 마음이 가볍구나.	책임을 다한 가벼운 마음
은정이가 귀찮았는데, 끝까지 정리하네.	인내심
은정이가 솔직하게 말해줘서 고맙다.	솔직한 감정전달
은정이가 제시한 생각이 좋은 것 같다.	자기표현
은정아, 불만이 있으면 쏟아내는 것도 필요해.	부정 감정 표현에 대한 격려
은정아, 마음을 풀고 방에서 나와줬네.	감정이해에 대한 고마움
은정아, 이번에는 소리 지르지 않으려고 많이 참더라. 고맙다.	감정조절에 대한 고마움
은정이가 자기 싫어도 누워 있으려고 애쓰는구나.	싫지만, 노력하는 마음
은정이가 선생님 말이 다 이해가 안가도 따라줘서 고맙다.	순종에 대한 고마움

2) 일대일 대화 예시

(1) 식사시간

선생님과 아동들의 오전 식사시간입니다. 등교 전, 8시까지는 아침을 다 먹어야 이후 일정대로 진행이 가능한데, 한 아동이 8시가 다 되어가는데 밥을 반절도 채 먹지 못한 채 밥을 보고만 있습니다.

Good Communication

"은정아, 지금 7시 45분이야." 시계를 가리키며
"은정이가 8시까지는 밥을 다 먹어야 해." 아동의 밥을 손으로 가리키며
"그래야 학교에 늦지 않아."

이 대화에서 전달하고자 하는 정보는 현재 시각과 마감 시간입니다. 이 대화의 전제는 아동이 선생님께서 전달해준 정보를 듣고, 스스로 시간에 맞춰서 밥을 먹을 수 있다고 판단한 것입니다.

Bad Communication

"은정아, 지금 7시 45분이야."
"왜 이렇게 먹지를 않아? 선생님이 빨리 먹으라고 했잖아."
"이렇게 늦게 먹으면 늦어."
"애들아, 뛰지 마! 앉아서 먹어."
"빨리 먹어!"

이 대화에는 시간 정보, 빨리 먹으라는 행동기대, 걱정이 모두 포함되어 있어 말의 목적과 지금 내가 해야 할 것을 빨리 알아차리기가 어렵습니다. 게다가 다른 애들에게 뛰지 말라고 하는 대화 목적과 관계없는 잡음까지 생겨, 아동은 무슨 말인지 핵심을 파악하지 못할 가능성이 큽니다. 대화의 목적이 시간 정보를 전달하고 스스로 아침을 먹도록 하는 것이라면, 행동을 기대하는 말이나 걱정의 말을 줄여야 합니다. 시간 정보를 알려주어도 자발적으로 행동을 서두르지 않는다면, 우리는 정보전달 의사소통이 아닌 행동기대 의사소통방법으로 말해야 합니다.

(2) 학습시간

저녁에 학습지 숙제를 하는 상황입니다. 아동들은 각자 테이블에 둘러앉아서 학습지 숙제를 하고 있습니다. 한 아동이 학습지 숙제를 펴놓고, 시무룩한 표정으로 고개를 떨구고 있습니다. 선생님은 아동이 문제가 어려워서 속상하거나 친구들 사이에서 위축될까 싶어서 나중에 따로 설명해주려고 먼저 다른 과목 숙제를 하라고 하는 상황입니다.

Good Communication
"은정아, 은정이를 바라보면서 수학 문제를 풀다가 모르는 게 있는 상황인가 봐. 지금 선생님이 컴퓨터를 해야 해서, 모르는 문제를 알려주기가 어려워. _{미소 띤 얼굴로} 은정이가 먼저 쓰기 숙제를 하고, 20분 뒤에 선생님과 수학 하자."

이 대화에서 전달하고자 하는 정보는 선생님의 상황, 숙제 순서, 함께 공부할 수 있는 시간입니다. 아동은 선생님의 말을 통해, 선생님이 나의 상황을 이해하고 있다는 것을 알게 됩니다. 이러한 상황에 대한 이해가 인지적 공감입니다. 공감은 꼭 감정을 헤아려주는 것이 아니라 현재 처한 상황을 이해하고 헤아려주는 것이기도 합니다. 그리고 아동은 언제 도움을 받을 수 있다는 것도 알게 됩니다. 이처럼 정보전달 의사소통은 상황에 대한 정보를 전달함으로써 서로의 뜻이 통하도록 주고받는 대화입니다.

Bad Communication

은정아, _{문제집을 휙휙 들춰보면서} 수학 문제를 풀다가 모르는 게 있는 상황인가 봐. 지금 선생님이 컴퓨터를 해야 해서, 모르는 문제를 알려주기가 어려워. _{다른 아동이 선생님을 부른다.} 선생님 지금 얘기하고 있는 거 안 보이니? 휴.. _{한숨. 고민하여 인상을 쓰면서} 은정이가 먼저 쓰기 숙제를 하고, 20분 뒤에 선생님과 수학 하자."

이 대화에서는 선생님의 상황, 숙제 순서, 도와주겠다는 의도가 잘 전달되지 않습니다. 아동은 자신의 문제집을 착착 들춰보는 행동에서 얼마나 풀었나 확인한다고 느낄 수 있습니다. 또한, 다른 아동이 부르는 말에 내쉰 한숨이 오늘 선생님이 피로해서가 아니라, 자신에게 실망하거나 자신이 선생님을 피곤하게 했다고 생각할 수 있습니다. 마지막으로 선생님의 미간 찌푸림은 선생님께서 시간을 계산하며 고민하느라 나타난 표정이지만, 아동은 자신이 잘 풀지 못한 수학 실력 때문에 화가 났다고 생각할 수 있습니다.

이러한 오해가 없도록 선생님께서는 문제집을 들춰보면서 아동과 부드러운 눈맞춤을 한 번 하거나, 한숨을 쉰 다음 "오늘 선생님이 외출했다가 와서 피곤했나보다, 여기저기서 동시에 부르니까 순간 힘들었던 것 같다."라고 솔직하게 표현하며 감정과 태도를 정돈하고, 20분 뒤에 수학숙제를 해보자고 말하는 것이 필요합니다. 특히, 타인의 정서에 예민한 정서적 민감성이 높은 아동, 관계와 타인의 반응이 중요한 아동의 경우 비언어적 잡음을 만들지 않는 것이 중요합니다.

Group Communication

나이가 어리고 집중성 한 가지 초점에 주의를 기울이는 것 이 낮은 아동들과 소통할 때는 한 번에 하나씩 전달하는 것이 중요합니다. 말과 정황에서 핵심을 찾지 못하거나 초점을 맞추는 것을 어려워하기 때문입니다. 그러므로 한 아동에게 먼저 정보전달 의사소통을 한 뒤에, 소란스럽게 일어나거나 돌아다니는 아동들에게 초점을 옮기는 것이 중요합니다. 여러 명의 아동을 동시에 양육하는 상황에서는, 전체를 조망하면서 무엇이 우선순위인지를 즉각 판단하며 개입해야 한다는 점이 가장 어렵습니다. 이런 경우 어수선할 수 있는 상황을 예측하여, 환경과 일정을 선생님에게 편하도록 구조화하는 것이 필요합니다.

예를 들어 식사시간은 이렇게 구조화할 수 있습니다.

- 밥 먹기 싫어하는 아동에게는 밥을 적게 주기
- 밥을 먹다가 돌아다니거나 낄낄거리는 아동들과 한 테이블에서 먹으며 규제하기
- 밥을 먹는 시간이 다른 아동들을 차례로 일어나도록 미리 시간을 알리고, 식사를 마친 아동 중 양치나 준비를 자발적으로 할 수 있는 아동들부터 이동시키기

형제자매가 많은 아동들과 집단생활을 하는 아동들은 늘 관심받는 순서에 예민하게 반응합니다. 그래서 관심에 관해 질서가 있으면 관심 순서에, 불필요한 경쟁에 날이 서지 않을 수 있습니다. 그 질서는 내가 사랑스럽지 않아서 관심을 덜 받는다는 소외감과 상처에서 아동을 보호해줄 수 있습니다. 예를 들어 학습시간은 이렇게 구조화할 수 있습니다.

- 월화수는 연령이 많은 순서대로 모르는 것 물어보는 질문을 듣기
- 목금토는 연령이 낮은 순서대로 모르는 것 가르쳐주기
- 오늘은 몇 학년부터 시작할지 정하기

정보전달을 해주고 싶어도 아동에게 먼저 물어보고 말해주세요. 아동이 필요하다고 생각하지 않고 있는데 정보를 전달하는 경우, 그것부터가 잔소리라고 생각합니다. 대신 아동에게 너의 상황, 너희 생각에 대한 정보를 달라고 질문해주세요. 그것을 존중이라고 생각할 수 있습니다.

x 지금 9시다. 우리 10시 전에는 모두 씻는 게 규칙이다.

o 방문이 열려있더라도 똑똑! 몇 시에 씻을지 말해줄래?

우리 규칙이 10시 전까지 씻는 건데, 몇 시에 씻는 게 좋겠니?

2
행동기대 의사소통
: 변화를 촉진하기

　행동기대 의사소통은 자극-반응 행동주의 관점[1]의 의사소통방법입니다. 행동의 주체는 듣는 사람이며, 말하는 사람은 자신이 기대하는 행동이 일어날 수 있도록 환경을 조성하고 듣는 사람이 원하는 강화를 해주기만 합니다. 즉, 선생님은 아동이 좋아하는 것과 원하는 것이 무엇인지를 알아차리고, 대화를 통해 아동이 원하는 것을 얻을 수 있도록 지지 ^{강화} 하고 반응 ^{강화} 해줌으로써 관계라는 환경을 조성합니다.

　그래서 행동기대 의사소통에서는 말을 듣는 사람의 마음, 생각 또는 행동에 변화가 일어났을 때 의사소통이 잘 이루어졌다고 합니다. 이를 위해서 말하는 사람은 듣는 사람이 가지고 있는 기질 특징, 현재 상황, 이해 수준과 욕구를 파악하여 정보를 전달해야 합

1　행동주의: 인간은 외부 자극에 반응하는 매커니즘이 있으며, 자극과 반응 사이에 공간이 있어 외부 자극을 받는 사람이 자극을 정보 처리 과정을 통해 어떻게 인지하는지에 따라 반응을 달리 할 수 있다는 이론이다. 의사소통에서 자극-반응은 말하는 사람의 구술과 문자, 비언어적 신호 등의 자극을 듣는 사람이 어떻게 해석하고 반응하는지에 대한 매커니즘이다.

니다. 말하는 사람의 기대와 목적이 분명하게 전달되는 단어선택, 말의 어미 선택, 의도전달이 중요합니다. 이와 함께 듣는 사람이 이해할 수 있는 수준에 맞추고, 들을 수 있는 상황을 선택하는 것이 필요합니다. 듣기 수준과 적절한 상황을 선택했더라도 말하는 사람과 듣는 사람의 대화에서 서로의 욕구가 충돌된다면, 말하는 사람이 분명하게 의도를 전달하더라도 듣는 사람의 반응은 말하는 사람의 기대와 다를 수 있습니다. 누군가가 자신이 원하는 대로 반응해주기를 바란다면, 어떤 반응을 기대하는지를 분명하게 전달해야 하며 동시에 듣는 사람의 욕구를 파악해야 합니다.

아동이 원하는 것은 친밀함, 승인, 허락, 위로 등일 수 있습니다. 그 욕구가 선생님과의 대화에서 충족된다면, 아동은 선생님과의 대화에 대해 기본적인 신뢰와 긍정적인 기대를 하게 될 것입니다. 그리고 선생님이 말로 전달하는 기대를 긍정적으로 수용하여 행동으로 반응할 것입니다. 선생님과의 대화에서 자신이 원하는 욕구가 충족되었기 때문입니다. 이처럼 선생님은 한 아동에게, 욕구가 충족되도록 도와서 행동하게 하는 강화인 입니다.

- 나는 아동의 배경, 마음, 상태, 욕구를 알아차렸나요?
- 나는 아동이 나와의 대화를 기대할 만큼의 관계를 맺고 있나요?

1) 효과적인 행동기대 의사소통방법

(1) 설명과 명령의 구분

행동기대 의사소통이 명료하게 전달되기 위해서는 설명과 명령을 구분하여 생각해보아야 합니다. 어떤 상황에 설명이 필요하고, 어떤 상황은 명령이 필요한지 구분해야 효과적인 의사소통을 할 수 있습니다. 설명은 정보전달 의사소통입니다. 정보를 전달할 뿐, 분명한 지시는 없으며 행동을 기대하는 메시지를 암묵적으로 내포합니다.

우리는 때때로 '설명하면 알아서 알아듣는 것이 당연한 거 아니야'라고 생각합니다. 그러나 설명만 해줘도 알아서 행동하는 아동들은 타인의 말의 의도를 알아차릴 수 있는 민감성이 높은 아동이거나, 타인의 욕구와 감정을 조망할 수 있는 정서 그리고 사회적 경험과 기술이 발달한 아동입니다. 반대로 타인의 정서를 인식하는 것에 둔감하거나, 다른 사람의 입장을 조망하는 것이 미숙한 자기 중심성이 높은 아동들은 말 그대로만 듣고 이해합니다. 그러므로 선생님께서 아동에게 어떤 행동반응을 기대하고 있다면, 구체적인 행동 명령으로 효과적인 지시를 사용하는 것이 좋습니다.

설명	명령
지금 정리할 시간이야.	정리를 5시까지 마쳐라.
네가 정리를 **빨리**해야 끝낼 수 있어.	검정색, 파랑색 티셔츠를 지금 개라.
책상에 너저분한 것 좀 정리해.	연필과 색연필을 필통에 넣어라.
그러다가 오늘 숙제를 다 못한다.	10분까지 수학숙제는 끝내라.
선생님 말을 얼마나 잘 듣나 보자.	베란다에서 나와라.
놀이 시간이 곧 끝난다.	이제 멈추고, 레고를 이곳에 넣어라.

(2) 효과적인 지시

 • 지시하기 전, 이름을 부르고 호명하여 반응하는 것을 먼저 가르쳐주
   어야 합니다.

  긍정적인 상황에서 이름을 자주 부르시고, 눈맞춤과 "네"라는
말에 관심과 칭찬을 해주세요. 아동이 이름을 들었을 때, 대답해서
유익을 얻는 경우가 효과적입니다. 이름이 불려서 대답했더니 좋아
하는 과일을 먹으라는 상황이거나, 대답했더니 재밌는 것을 보여주
려고 부르는 상황들을 만들어주세요.

 • 구체적인 행동동사가 있어야 합니다. 마치다, 개다, 넣다, 끝내다, 나가다, 넣다
 • "~해라."와 같은 명령 어미로 말을 마쳐야 합니다.
 • "~해볼까?, ~하면 좋겠다. ~같이 하자." 라고 하지 마세요.

- 지시는 청유하거나 요청하는 말이 아닙니다.
- 집중력이 낮은 아동이라면 한 번에 하나의 행동을 지시해야 합니다.
- 긴 문장의 지시보다는 짧은 문장의 간단한 지시를 합니다.

(3) 때와 질서를 미리 약속하기

행동기대 의사소통을 할 때는 아동의 배경, 마음, 상태, 욕구를 살필 필요가 있습니다. 행동을 기대하는 소통을 하기 전, 언제가 가장 듣기 좋은 때와 환경, 마음 상태인지 분별하고 기다리는 것이 지혜입니다. 가장 적절한 때 nice timing 을 계속 살피기보다는, 서로에게 중요한 것을 기대하고 부탁/지시하는 시점과 질서를 미리 약속할 때 관계가 안정적으로 유지됩니다.

- 예: 이따 저녁 먹고 7시에 이야기하자

2) 일대일 대화 예시

(1) 정리정돈

아동들이 정리정돈을 하는 시간입니다. 한 아동이 옷 서랍을 정리하도록 여러 번 이야기해도 정리를 하지 않습니다. 형들과 동생들과 계속 이야기할 뿐, 손에 옷가지를 들고는 있지만 제대로 정리하는 행동을 하지 않습니다.

"은정아, 옷 정리 5시까지 끝나야 해."

"은정아, 지금 티셔츠를 모두 꺼내라. 그렇지." 아동의 옷장을 손으로 가리키며

"은정아, 티셔츠를 개는 방법을 보여줄게. 티셔츠 개는 방법을 보여준다. 반듯하게 개라."

"은정이가 갠 티셔츠를 차곡차곡 쌓아서 넣어라. 티셔츠를 차곡차곡 쌓는 모습을 보여준다. "

이 대화에서는 설명이 아닌 명령 꺼내라, 개라, 넣어라 으로 선생님께서 기대하는 행동을 분명하게 전달하고 있습니다. 또한, 정리 방법을 시각적으로 보여주는 시연 티셔츠 개는 법, 쌓는 법 을 통해 정확한 행동을 전달하고 있지요. 단, 이는 아동이 왜 옷을 정리해야 하는지에 대해서 이해하고 있다는 전제 하에서 이루어지는 것입니다. 아동이 모른다면 먼저 그 이유를 알려주어야 합니다.

"은정아, 옷 정리가 왜 아직 안 되어 있니?"

"아니, 하라고 몇 번을 말해야 하냐. 휴..."

"빨리해. 어서!"

"이게 다 뭐야 지금, 똑바로 개서 넣어야지 그냥 넣으면 어떡해."

"너 정리가 뭔 줄 몰라?"

이 대화는 옷 정리가 왜 안 되어있는지에 대한 비난으로 시작합니다. 아동에게 시간을 지키지 않았다거나, 시간이 흐르는 동안 아무 행동도 하지 않는 점이 잘못이라는 메시지가 전달되지 않습니다. 만약, 시간을 지키지 않았고 아무 행동을 하지 않은 것에 대해 메시지를 전달하려면, "4시부터 정리를 시작했는데, 지금 4시 30분인데, 한 개도 정리를 시작하지 않았네."라고 현재 상황을 있는 그대로 이야기하며, 시간 정보를 넣어 전달해야 시간을 지키지 않은 것과 30분이 흐르는 동안 아무것도 지시를 따르지 않았다는 것을 대화의 핵심으로 삼아야 합니다. 선생님이 몇 번을 다시 말해야 하는지에 대해 비난을 하면, 아동은 빨리 정리를 안 한 것이 문제인지, 여러 번 말하게 해서 선생님이 화가 난 건지, 무엇이 문제인지가 헷갈립니다.

아동에게는 상대방을 깊이 헤아리는 것이 어렵고, 정리정돈과 하기 싫고 귀찮은 것들을 웬만하면 미루고 싶어 하는 것이 자연스러움을 기억해야 합니다. 또한, 집중성이 낮은 아동, 시지각 행동 <small>주의를 기울여 보고, 모방하여 행동할 수 있는 능력</small> 이 낮거나 미세한 소근육 발달이 더딘 아동들에게는 옷을 반듯하게 개는 것이 생각보다 어렵습니다. 똑바로 개는 것이 무엇인지 정확하게 모르거나 주의를 기울이지 못하기 때문에 모서리를 맞추는 것, 옷이 튀어나오지 않게 하는 것 등 세밀하게 지도해주는 것이 필요합니다. 연습도 당연히 여러 번이 필요합니다.

(2) 놀이시간

아동들끼리 시설 공터에서 피구를 하는데, 동생이 공에 맞았으나 나가지 않고 같이 하고 싶다고 우깁니다. 아동은 "아씨~ 좋은 말로 할 때 나가라!"라고 눈을 부라리며 경고합니다. 그럴수록 더 버티며 나가지 않으니 "아 씨발! 너 개또라이냐~ 안 나가!"라고 말하며 발로 찹니다.

Good Communication

"은정아, 지금 규칙을 안 지키고, 흐름이 끊어질 수 있는 상황이지. 빨리 진행해야 쉬는 시간 끝나기 전에 승부 낼 수 있는데 말이야."
배경: 승부욕이 큰 아동의 기질과 상황 이해하기

"짜증나고 열 받겠네." 마음: 주관적인 감정의 강도만큼 이해하고 말해주기

"한 번 더 얘기하고, 안 되면 선생님이 얘기해볼게." 상태: 아동의 해결수준 파악하기

"욕 빼고 한 번 얘기해라." 지시: 명확하게 원하는 행동지시

이 대화에서 선생님은 아동이 타고난 기질상 승부욕이 강하고, 감정을 강한 강도로 즉각 분출하는 경향의 배경을 파악합니다. 그리고 아동이 느끼는 수준의 강도로 마음에 공감합니다. 집단양육 상황에서 힘든 상황 중 하나는 욕설을 하거나, 행동을 거칠게 하는 아동이 있을 때입니다. 아동을 진정시키고 설득하기도 어렵고, 동생들이 손위 형제의 거친 말과 행동을 모방하여 부정적인 분위기

를 만들기 때문입니다.

　이때, 기억해야 할 것이 있습니다. 감정이 거칠고 강렬하게 분출되는 아동은, 느끼는 감정 수준만큼 세게 말로 표현해야 감정이 해소되는 느낌을 받는다는 것입니다. 욕설은 삼가도록 지도하나, 감정 단어를 책에 나오는 아름다운 단어처럼 "화가 나는구나, 속상하구나." 등으로 표현하도록 지도한다면 아동은 "뭐 개소리야."라고 속으로 말하며 무시하거나, 선생님을 시대에 뒤떨어진 꼰대로 여기기 쉽습니다. 따라서 현재 아동이 느끼는 주관적 감정을 잘 반영할 수 있는 센 강도로 표현하는 단어로 먼저 반응해주는 것이 필요합니다. 이것이 행동기대 의사소통에서 상대방이 가지고 있는 마음과 상태에 먼저 반응하여 선생님이 자신에게 공감하고 있다는 지지를 해주는 것입니다. 그다음에 우리가 지도하려고 하는 내용을 전달하는 것이 좋습니다.

Bad Communication

"은정아, 지금 동생이 규칙을 안 지키는 건 아는데, 발로 차면 안 되지."
배경: 승부욕이 큰 아동의 기질을 이해하기보다는 겉으로 드러난 행동문제가 초점이 된 상황

"그렇다고 동생을 발로 차면 돼? 안돼?"　마음: 주관적인 마음을 무시한 태도가 문제가 됨

"그렇게 할 거면 그만해."　상태: 나의 자극으로 아동이 어떻게 반응할지 예측하지 않음

" 아동이 중얼거리듯 아! 좆같네!"

"너 뭐라고 했어. 이리 와!" 지시: 핵심에서 벗어난 지시를 함

고집스럽고 충동성이 있거나 자기중심성이 강하고 주장이 센 초등학생 아동과 의사소통을 할 때 어른들이 자주 걸리는 포인트는 바로 아동의 태도입니다. 불편한 욕설이나 표정, 행동이 나타났을 때, 상황의 원인과 핵심에서 벗어나 아동이 드러내는 자극행동에 낚이는 것입니다.

분출성[2]이 높은 아동을 지도할 때는 참을성을 키운다는 관점보다는 아동의 불편감을 분출하되, 강도를 천천히 줄이거나, 즉각적인 분노를 안전하게 분출할 수 있는 다른 방법을 찾도록 안내하는 것이 효과적입니다. 예를 들어, 센 단어를 사용하되 소리를 낮추거나, 큰 소리로 분출한 다음에 단어를 교정하는 등의 방법으로 단계적으로 접근하는 것입니다. 또한, 우발적으로 말로 나오는 욕설을 통제하기 위해, "아!"하며 기합을 넣듯 큰소리로 한 음절에 힘을 실어 소리로 분출시키거나, 단단한 펀치백을 세게 두드리게 하는 대안을 알려줍니다.

---

2 분출성은 기질요인 중 부정적 감정에 대한 분출경향성을 의미합니다. 분출성이 높은 사람은 불편한 자극이 있을 때 부정적 감정을 쉽게 표출하거나, 감정을 표출하는 강도가 셉니다.
참고도서 : <초등학생의 꾸물거림에 대하여: 부모를 위한 양육가이드북 1 > / 리얼러닝 / 2022

이러한 기질상의 특징은 타고나며 변하지 않으므로, 부정적인 특징을 가진 것처럼 아동이 자신을 인식하지 않도록 자신의 상태와 기질 특징을 다루는 방법을 알려주어야 합니다. "성격이 지랄 맞다, 인성이 글렀다, 그러니까 애들이 널 안 좋아하지." 등으로 비난하지 않아야 합니다. 이러한 힘을 타고난 아동은 가지고 있는 힘을 무시할수록 더 저항적이고 반항적인 힘으로 사용하려고 하기에 양육자는 그 힘을 억압해서는 안 됩니다.

Group Communication

규칙을 지키지 않는 아동, 늘 한 번만 봐 달라고 하는 아동, 자신은 안 그랬다고 우기는 아동, 게임이나 놀이 규칙을 이해하지 못하는 아동, 실력 차이가 나는 아동이 있을 때는 집단활동 전에 사전 의사소통이 중요합니다. 그렇지 않으면 규칙이 지켜지지 않을 때 분출성이 높은 아동이 화를 내면서 갈등이 시작됩니다.

규칙을 지키지 않는 아동에게 행동기대 의사소통을 하기 전에는 어떤 것이 규칙인지 매우 세부적으로 전달합니다. 그리고 규칙을 기억하도록 다시 한 번 규칙을 말하게 하여 선생님께서 전달한 내용을 잘 이해했는지 확인합니다. 규칙을 지키지 않았을 때 선생님이 반응을 어떻게 할지 분명하게 사전에 전달하는 것입니다.

"피구할 때, 규칙은 4개야."

"하나, 가운데 선을 발로 밟으면 아웃이야."

"둘, 공이 스쳐서 옷에 닿아도 아웃이야."

"셋, 공을 잡았다가 놓쳐도 아웃이야."

"넷, 분명히 위에 3개 중 1개를 어겼는데, 우기거나 봐 달라고 떼를 써도 무시하고 게임은 끝까지 할 거야."

게임이나 놀이 규칙을 이해하지 못하는 아동이거나, 손위 형제들과 놀이하면서 실력 차이가 나서 이긴 적이 없거나 게임을 시작하자마자 쉽게 질 수 있는 상황이라면, 연령과 실력 차이에 따른 게임 룰을 먼저 정하고 놀도록 지도합니다. 예를 들어, 게임을 세 판 할 건데 한 판은 봐주고, 한 판은 절대 안 봐주고 마지막 한 판은 원하는 수준으로 도전하면 도전을 받아주는 방식이죠.

"형이랑 피구를 할 때, 형이 나이가 많고 여러 번 해봐서 빨라." 정보전달

"형한테는 이렇게 부탁해볼 수 있어. 나는 1학년이니까, 규칙을 모르고 실수하면 1번은 봐줄 수 있는지 미리 부탁해봐." 형제자매와 조율하는 방법 정보전달

"안되면, 토요일에는 실력이 비슷한 친구들끼리만 해봐도 돼요?하고 선생님한테 부탁할 수 있어. " 선생님과 조율하는 방법 정보전달

아동 중에 이해력이 낮아 복잡한 게임을 이해하기 어렵거나, 주의력에 어려움이 있어 배운 것을 잊어버리거나 경계선 지적기능을 가

진 아동이라면 오랫동안 반복적인 연습이 필요할 수 있습니다. 또래들이 한 명의 수준을 계속 맞춰주거나 조율해주는 것은 어렵습니다. 그러나 느린 학습을 하거나 이해력이 약점인 가족을 배려하지 않을 수도 없지요. 아동들이 한 공동체로 서로를 위해 기여하고, 기여받는 것이 삶이라는 것을 배우는 것도 중요합니다. 한 공동체로 오랜 기간 살아가는 가족이기도 하고요. 그러므로 선생님들께서 서로의 욕구가 채워질 수 있는 문제 해결방법을 정보전달로 알려주는 것이 아동들에게는 큰 도움이 됩니다. 외현적으로 드러나는 거친 행동과 태도 문제에 초점을 맞추기보다는, 아동의 반응이 달라지도록 문제해결 중심으로 의사소통을 해주는 것이 좋습니다.

사춘기 Tip

사춘기가 시작된 아동이라면 어떤 행동을 기대하며 의사소통을 시도할 때 매우 예민하게 반응할 것입니다. 외부 자극을 유연하게 처리하기에는 자신에 대한 고민과 성장기의 호르몬 변화로 인한 감정 기복이 심하기 때문입니다. 그래서 누군가가 나의 행동 변화를 기대한다는 것 자체가 압력으로 느껴질 수 있으므로 조심해야 하지요. 더욱 세심하게 관찰하여 아동이 행동하게 하는 강화요인을 찾는 것이 필요합니다.

또래 관계가 중요한 사춘기 아동이라면, 또래 관계에서 중요한 부분을 공감해주며 아동 욕구에 호기심을 가지고 다가갈 때 반응해 줄 것입니다. 게임이 중요한 아동이라면, 어떤 게임을 주로 친구들과 하는지 물어보며 공통관심사에 머물러 보는 것이 아동을 예민하지 않게 자극하는 출발점이고요. 한두 번의 긍정적인 지지적 대화를 쌓은 후에 지시사항이나 요구를 전달하는 것이 더 좋습니다.

또한, 사춘기 아동과 친밀감을 형성했다고 하더라도, 그 행동이 필요하다고 스스로 인지하도록 하는 내면화 작업이 필요합니다. 내면화는 아동 스스로 선생님이 전달하는 가치와 규범, 습관 등에 대한 가르침을 나의 기준으로 삼는 과정을 말합니다. 이를 위해서는 선생님의 의사소통이 아동의 행동을 바꾸려는 도구적 의도가 되지 않도록 주의해야 하고요. 대신, 아동 스스로 선생님이 생활지도와 훈육과정에서 전달하는 메시지가 자신의 삶에 유익하고 중요하다고 깨닫도록, 꾸준히 지도하고 지지해주며 이끌어주어야 합니다.

3
상호작용 의사소통
: 공통점 만들어가기

  상호작용 의사소통은 상호작용을 하면서 공통점을 만들어가는, 동시에 얘기하고 주고받는 상호적 역동성이 중요한 의사소통방법입니다. 선생님과 아동이 대화를 나누면서 서로 똑같이 좋아하는 것을 발견하거나, 싫어하는 것을 발견하며 공통점을 발견할 때 특별한 관계성이 생기게 됩니다. 이는 선생님과 아동의 관계에서 중요한 소속감을 만들어줍니다.

  서로 자는 자세가 비슷한 것을 발견하며 키득거릴 때, 서로 제일 좋아하는 음식이 같을 때, 같이 재미있어하며 눈을 맞추며 웃는 순간은 별것이 아닌 순간이지만 관계에서는 중요합니다. 인간은 누구나 누군가와의 유사점을 찾으며 관계를 만들고자 하기 때문이죠. 그래서 상호작용 의사소통은 일상에서 아동과의 관계를 형성하는 데 중요한 역할을 합니다. 관계는 듣는 사람에게 메시지가 잘 전달되는 길을 형성해주기 때문입니다.

일상에서 아동과 놀이나 활동을 함께 할 때, 학교에 다녀온 이야기를 나누며 일상적 기억을 공유하려고 할 때, 좋아하는 연예인에 관해 이야기하거나 좋아하는 관심사에 관해 이야기할 때 아동은 관계의 즐거움을 경험합니다. 관심사가 같아 서로 맞장구를 치며 의사소통할 때 주고받는 상호성이 발달합니다.

- 나는 아동과 공유하는 즐거운 대화 주제가 있나요?
- 나는 아동이 나와 공유하려는 것을 수용하고 듣고 반응하고 있나요?
- 나는 아동과 주고받는 서로가 좋은 상호호혜적인 의사소통을 나누고 있나요?
- 나는 아동과 의사소통을 나누며 깔깔거리며 웃고 신나는 대화를 하고 있나요?

1) 효과적인 상호작용 의사소통방법

(1) 의도 알아차리기

아동이 말을 걸어올 때 느낌과 생각을 나누는 상호작용을 시작하고자 하는지, 시간을 보내고 싶은 의도인지, 조종하거나 화를 내게 하고 싶은 의도인지를 살펴봅니다. 아동의 의도가 일상적인 자신의 관심사를 공유하려고 하거나, 좋아하는 것에 대해서 말 한마디를 하다가 할 일을 하려는 것이라면 상호작용이 먼저입니다. 아동의 이런 접근은 관계 맺음에서 매우 중요합니다. 아동이 내민 초대장을 받아야 하지요.

아동과의 상호작용은 아동의 이야기에 호기심을 갖는 것입니다. 아동의 이야기를 더 알고 싶어 하는 것입니다. 그리고 선생님의 취향도 공유하고, 유사한 특징과 호불호를 찾아가려는 의도로 대화하는 거예요. 이런 대화를 통해 아동은 '선생님과 내가 오늘 상호작용하며 의미 있는 관계를 맺었다'라는 만족감을 얻을 수 있습니다.

2) 일대일 대화 예시

한 아동이 선생님께 다가와서 좋아하는 연예인과 좋아하는 유튜브 채널에 관해 이야기하기 시작합니다. 아동이 이야기를 시작하자, 좋아하는 가수, 좋아하는 음악, 좋아하는 유튜버 이야기가 계속됩니다. 그러다가 싫어하는 쪽으로 기울면 싫어하는 과목, 싫어하는 동생, 싫어하는 친구들, 싫어하는 선생님 이야기가 계속 이어집니다.

Good Communication
아동: 이 사람 먹방이 완전 최고예요.

선생님: 네가 좋아하는 유튜브구나. 한번 보자~

아동: 이 사람이 매운 걸 얼마나 잘 먹는 줄 알아요~ 장난 아니에요.

선생님: 와 그렇구나~ 선생님도 매운 거 먹으면 정신이 없어지는데~ 머리가 빙빙 돌더라. 너는?

아동: 전 그 정도는 아니고 입이 좀 얼얼하죠~

선생님: 오~ 선생님보다 네가 더 잘 먹겠는데, 넌 매운 거 뭐 좋아하니?

아동: 불닭이 뭐 최고죠.

선생님: 와~ 그거 좀 맵던데~ 선생님은 떡볶이 매운 건 잘 먹는데, 00 떡볶이 먹어본 적 있어?

아동: 그건 없는 거 같은데~

선생님: 우리 한 번 매운 거 여러 개 사다가 먹어볼까?

상호작용 의사소통은 어쩌면 매우 시답지 않은 이야기, 지나가는 듯한 일상적 이야기, 일과에서 중요하지 않은 이야기 같은 느낌입니다. 그러나 선생님과 아동은 말하고 듣고 비언어적으로 끄덕이고, 미소 짓고 눈을 마주치며 맞장구를 치고, 같은 주제로 대화를 주거니 받거니 하면서 관계를 맺어나갑니다.

Bad Communication

아동: 이 사람 먹방이 완전 최고예요.

선생님: 그래.

아동: 이 사람이 매운 걸 얼마나 잘 먹는 줄 알아요~ 장난 아니에요.

선생님: 근데 너무 매운 거 먹으면 그 사람도 속이 아플거야.

아동: 저 사람은 괜찮은 것 같아요. 와 어떻게 저럴 수가 있지?
선생님: 보기에만 괜찮게 보이는 거야. 그만 보고 빨리 씻어.
아동: 괜찮다니까는~ 꼭 얘기가 잔소리로 흘러가!

선생님의 말이 틀리지는 않습니다. 너무 매운 걸 먹으면 위와 장이 아플 수도 있고, 정말 다 먹고 유튜버가 고생할 수도 있겠죠. 그렇지만, 이 대화는 아동의 마음과 엇나간 반응으로 관심사를 나누고자 하는 마음에 찬물을 끼었습니다.

아동이 유튜브를 너무 많이 볼 수도 있고, 아동이 지금 씻어야 다른 사람도 씻고 잘 수 있는데, 꾸물거리며 보던 먹방 이야기를 하고 있을 수도 있습니다. 아동의 의도가 딴 이야기를 하면서 씻기 싫어서 꾸물거리는 것이라면, 그 의도를 알아차리고 행동기대 의사소통을 해야 합니다. "9시에는 씻으러 들어가라고 했고 지금 시간이 9시다."라고요.

그러나 아동의 의도가 해야 할 일을 미루려는 의도가 아니라 그저 좋아하는 것에 대해서 말한 후에 할 일을 하려고 하는 것이라면 흥미에 대한 상호작용이 먼저입니다.

Group Communication

안타깝게도 선생님들의 일상은 거의 항상 바쁩니다. 그래서 아동들에게는 도대체 언제가 선생님이 내 말을 찬찬히 들어줄 수 있는 시간인지 아는 것이 너무 어렵습니다. 그러다 보니, 꼭 아동들은 선생님이 좀 쉴 만 하면, 컴퓨터를 좀 하려고 하면 이야기를 건넵니다. 그때가 선생님이 덜 분주한 것 같고, 또 곁에 다른 아동들이 없으니까요. 그러나 그 시간 역시 여유로운 시간이 아니니, 선생님의 마음과 달리 아동들의 대화 시도가 거절될 수 있습니다. 한 아동의 이야기를 듣는 것이 너무 길어져도 편애한다고 섭섭해하는 아동들이 생겨 여간 쉽지 않습니다.

그래서 다수를 양육하는 선생님들에게는 개별적인 대화 혹은 시간을 가질 수 있는 지혜가 필요합니다. 예를 들면, 매년 한 번씩 찾아오는 아동 생일에 특별히 그 아동과 이야기를 많이 나누는 우리 집만의 약속도 좋고, 유아의 경우 한 명씩 씻길 때 혹은 머리를 말려줄 때로 정해놓아도 좋고, 초등학생들은 외부 일을 봐야 할 때 한 명씩 순서대로 도움을 청하여 같이 나가 일을 보며 대화시간을 가지면 좋습니다.

2장

의사소통의 방해요인들

1
환경적 특성

아동 양육시설에서 아동들과 의사소통을 한다는 것은 여간 힘든 것이 아닙니다. 아동 양육시설은 이제 막 문장을 말하며 대화하기 시작하는 4세부터 자신이 어른처럼 다 안다고 생각하는 고등학생까지 함께 생활합니다. 모든 아동을 품고 유연하게 대화를 하는 것은 쉬운 일이 아닙니다. 거의 불가능에 가까운 상황이지요.

또한, 한 아동과 이야기할 때 중간에 다른 아동들이 말을 걸거나 다툼이 생기면 대화에 집중하기가 어렵고 결국 중단될 수가 있습니다. 게다가 업무가 많거나 몸과 마음의 상태가 피곤한 상황에서는 여유가 없어 소통이 어려울 수밖에 없습니다. 이런 상황에서 동시다발적으로 원하는 것을 요구하거나 다쳤다고 울고, 누가 때렸다고 억울함을 호소하고, 어떻게 공부해야 하는지를 물어보면 정말 멘붕 상태가 되겠지요. 그래서 의사소통의 기술적인 역량이 필요합니다. 무엇이든 기술이 숙달되면 에너지를 덜 쓰면서 일할 수 있듯이, 의사소통의 전문적인 기술을 가졌을 때 선생님들의 소진은 줄어들 것입니다.

2
소통하기 힘든 아동들

의사소통이 어려운 아동의 특성을 간단하게 소개하고자 합니다. 이 아동들이 의사소통과정에서 보이는 반응의 원인과 이유를 이해한다면, 덜 답답하고 괘씸한 마음에 화가 나거나 아동의 말에 상처를 덜 받을 수 있습니다. 그리고 아동과 소통을 잘 하지 못한 교사 자신을 자책하거나 아동을 비난하지 않을 수 있겠지요.

의사소통이란 생각이나 뜻이 통하는 것으로, 사람과 사람 간의 생각과 뜻이 통하는 것은 어쩌면 기적과 같은 일일 수 있습니다. 하물며 살아온 세월이 다르고 처한 상황이 다른 어른과 아동이 서로 생각과 뜻이 통하는 것은 더한 일이 아닐까요? 그러므로 우리는 아동과 의사소통을 하려고 할 때, 당연히 내 말의 의미와 뜻을 이해하리라 생각하기보다는, 당연히 나의 기대만큼 전달이 안 될 수 있다고 생각하는 것이 나을 수 있습니다. 이는 아동을 하향 평가하거나 무시하는 것이 아니라, 아동의 자기중심적인 발달 특징을 받아들이고 추론적 사고와 인생 경험을 통한 지혜가 아직 부족한 성장 중인 존재로 존중하는 것입니다.

ADHD 아동

주의를 기울이지 않는 것은 노력하지 않는 것이 아닙니다. 정말 잊어버리고, 의도하지 않았지만 생각보다 먼저 행동이 앞섰거나, 미처 생각하지 못했을 수 있습니다. ADHD 아동은 본인이 말한 것을 뒤돌아서자마자 잊어버릴 수 있습니다.

경계선 지능 아동

선생님의 말이 이해되지 않을 때, 아동이 느끼는 답답함과 막연함은 깊은 바다의 암흑과 같고, 출구를 기대할 수 없는 무서운 터널과 같은 느낌일 수 있습니다. 참 안타깝고 속상하죠. 경계선 지능 아동에게는 다양한 어휘를 사용한 말이 어려울 수 있습니다. 선생님께서 너무 긴 문장으로 말씀하시면 듣다가 앞에 말을 잊어버릴 수 있고 문맥을 이해하지 못할 수 있습니다. 선생님의 질문의 요지를 파악하기 어려울 수도 있습니다. 아동의 표면적인 나이보다는 인지적인 이해 수준에 맞춰서 대화하는 것이 필요합니다.

기질적으로 정서적 민감성이 높은 예민한 아동

문자와 말의 의미보다는 비언어적인 말투, 음조, 표정으로 대화를 하는 아동들입니다. 말의 논리보다는 전달하는 비언어적 요소가 더 중요한 아동들이고요. 그래서 대화할 때 피곤할 수도 있지만, 관점을 바꾸면 비언어적인 친절한 신호로 대화의 결과를 긍정적으로 만들 수도 있습니다.

우울장애, 불안장애, 외상 후 스트레스 장애 등을 갖고 있는 아동

대화하기에 앞서 사람에 대한 신뢰가 먼저인 아동들입니다. 아동들을 이해해주고 그 마음을 담아주는 넉넉한 존재가 되어주어야 합니다. 아동을 마음에 담고 사랑으로 품기 위해서는 먼저 아동이 어떤 인생을 살아왔는지, 만약 아동의 인생이 내 인생이라면, 나는 어떨지 생각해볼 필요가 있습니다.

언어장애, 언어능력 미숙, 말을 억제하는 기질이 있는 아동

대화를 시작하기 전에 소통의 진지함이 아닌 편안함을 경험해야 하는 아동들입니다. 의사소통에 앞서, 이 아동들은 알고 있는 어휘와 생각을 말로 전달하는 언어표현 능력을 키워야 하고요. 대화가 어렵다는 느낌이나 공부처럼 해내야 하는 과업이 아니라, 그저 일상처럼 느낄 수 있도록 자연스럽게 지도해야 합니다.

3
의사소통의 걸림돌

대화를 잘하기 위한 여러 가지 기술 중 '피해야 할 것들'을 소개하려고 합니다. 아동들과 대화도 잘하고 문제가 생기면 언성 높이지 않고 합리적으로 풀어가고 싶으실 겁니다. 말로 상처를 받는 데 지치고, 나도 아동들이든 동료든 타인에게 상처 주지 않기를 바랄 거에요. 그러나 어떻게 해야 하는지 바로 떠오르지 않는다면, 일단 습관적으로, 그냥 사용하던 말 중 소통에 방해가 되는 걸림돌을 알아차리고 멈추는 게 좋은 해결책이 될 수 있습니다. 보통 '의사소통의 걸림돌'이라고 말하는, 공감하는 대화로 가는 길을 막는 말들을 먼저 이야기할게요.

길을 걷다가 걸림돌이 있으면 어떻게 하나요? 피해 가지요. 미처 발견을 못 하면 걸려서 넘어지기도 합니다. 어떤 분은 "걸림돌이 보이면 치웁니다."라고 답하기도 하시더군요. 네, 맞습니다. 우리는 걸림돌은 피하거나 치워버립니다. 아무 생각 없이 지나가다가 걸려 넘어지기도 합니다. 의사소통의 걸림돌도 그렇습니다. 소통의 걸림돌이 되는 말을 하는 사람은 주변에서 피합니다. 관계에서 배제하기도 하지요. 부딪혀서 넘어지는 건 관계가 나빠진다, 관계가 틀어진다는 걸 의미합니다.

토마스 고든 Thomas Gordon 이라는 교육학자는 부모와 자녀, 교사와 학생들의 관계를 악화시키는 언어표현을 12가지로 정리했습니다. 이런 대화가 왜 소통의 걸림돌이 되는지도 함께 이야기해 보겠습니다. 아동들을 사랑하고 잘 양육하려고 애는 쓰지만 그래도 무심결에 튀어나온 말들이 있지는 않았나 한 번 확인해볼까요?

1 명령 지시	"조용히 하고 네 할 일이나 해" "군말 말고 네 방으로 가." "빨리해라"
	명령하고 지시하는 말은 타인을 지배하는 힘의 말입니다. 교사와 학생, 부모와 자녀뿐만 아니라 어느 관계에도 해당이 됩니다.
2 경고 주의 협박	"점수 안 깎이려면 지금 바로 해라." "좋은 말로 할 때 들어라. 그렇지 않으면 어떻게 되는지 알지?"
	윽박지르는 어투가 바로 느껴집니다. 사람에게는 존중과 인정을 받고 싶은 욕구가 있습니다. 이렇게 윽박지르는 소통 전략은 순간 통하는 것처럼 보이지만 별로 효과적이지 않습니다. 그때뿐이고, 자꾸 쌓이면 어느 시점에선 소용없으니까요.

3 **훈계** **설교** **권고**	"어른들 이야기에 끼어들지 마." "항상 긍정적인 말을 해라." "학생 때는 공부 열심히 하는 게 최고다."
	의무감과 죄책감을 주는 말들입니다. 아동에게 "네가 제대로 하지 못하고, 책임질 줄 모르니 내가 이런 말을 하는 거다."라고 말하는 것과 같습니다.
4 **충고** **제안** **해결책** **제시**	"어른이 말하면 '네' 하는 거야." "선생님 말씀을 조용히 따르는 게 좋아."
	아동의 처지에서는 자신의 문제를 스스로 해결할 수 없는 존재라는 생각이 들 수 있습니다. 양육자의 의도와 다르게 아동들이 충분히 생각하고 해결책을 찾아가는 노력을 방해할 수 있지요.
5 **논리적으로** **따지기** **가르치기**	"그런 식으로 나오면 안 돼." "어제처럼 하는 건 옳지 않아."
	틀린 이유나 문제가 되는 것을 가르치고 훈계하는 말은 듣는 사람에게 열등감과 무력감을 느끼게 합니다. 이러한 대화가 자주 이루어지면 아동은 방어적인 태도를 보이며 변명하기 급급할지도 모릅니다.
6 **비난** **비판** **반박**	"바보 아냐?" "네가 게으르니 그렇지." "네가 계속 우기니까 그렇게 되지." "그건 아니지."
	이런 말은 내 머릿속의 생각과 판단을 전달하는 것입니다. 생각을 말하지 말고 바람 소망 과 느낌을 말할 때 공감의 대화가 이루어집니다.

7 모욕 조소 창피 주기	"그 상태에서 학교 다니는 게 용하다." "그 와중에 밥은 먹는구나. 아주 장하다." "울보냐?" "그래, 너 잘났다." "그건 아기들이나 하는 거야." "참견하길 아주 좋아하는 애구나."
	이런 대화를 경험한 아동은 자신에 대해 부정적인 인식을 하게 됩니다. 말대꾸를 하기도 하고 대화의 단절을 초래하기도 하지요. 자신을 비난하는 어른과 대화를 오래 이어가기는 어려우니까요. 게다가 이런 말은 듣는 아동의 마음을 상하게 하고 반항적인 어투를 사용하게 만들기도 합니다. 장시간 이런 대화에 노출된 아동들은 자존감이 낮아질 수밖에 없고요.
8 해석 분석 진단	"네가 좀 많이 예민하네." "왜 그리 유별나게 구니?" "네 상태가 안 좋아서 그러는구나." "네가 피곤해서 그래." "네가 그렇게 말해서 애들이 그렇게 나온 걸 거야." "뭐가 잘못된 거냐면, ~"
	타인이 우리에게 이런 말을 하면 기분이 어떤가요? 이해받거나 고마운가요? 아동도 마찬가지입니다. '내 마음을 알아주는구나.' 하는 안도감보다 '내가 정말 그런 사람이야? 나를 그렇게 잘 안다고?' 하는 반감이 들거나, 긴 시간 같은 이야기를 들으며 부정적인 자아정체감을 만들어 갈 수도 있습니다.

9 칭찬 부추기기	"이야, 정말 잘한다." "충분히 더 잘할 수 있어" "너는 항상 친절하고 솔선수범하는 애지." "배려심 없는 건 너답지 않지." "청소는 네가 최고지. 누가 따라가니."
	칭찬을 통해 지금 아동이 하는 행동을 계속하게끔 만드는 의도가 있다면 결과적으로 좋은 소통 전략이 아닙니다. 또한, 형식적인 칭찬이나 칭찬의 남용은 진정성이 부족해서 듣는 사람에게 아무런 영향을 미치지 못합니다. 혹은 '결국 이모 삼촌 , 선생님이 원하는 대로 하라고 저러는 거 아니야? 답은 정해져 있네.'라는 생각을 할 수도 있답니다.
10 위로 동정 편들기	"할 수 있어. 하면 돼" "걱정하지 마. 잘 될 거야." "앞으로는 꽃길만 걸을 거야."
	아동들을 사랑하기 때문에 양육자는 대책 없이 그저 안심시키려 드는 실수를 범할 수 있습니다. 아동이 속히 편안해지길 바라는 마음에 하는 말이지요. 그러나 아동은 이해받지 못한다는 감정을 느낄 수 있습니다. 자신의 감정의 강도를 상대방이 축소해버리니 '말이 쉽지, 그게 정말 그러나?'는 반감이 일어나기도 하지요. 때로는 아동이 '아, 우리 이모 삼촌 , 선생님은 내가 부정적인 감정을 느끼면 싫어하는구나,' '뭔가를 안 좋게 느끼는 건 옳지 못하구나.'라는 왜곡된 생각을 할 수도 있습니다.

11 **캐묻기** **취조**	"그게 뭐라고 그렇게 오래 걸렸어?" "네가 지금 무슨 짓을 했는지 알겠니?" "누가 그러래? 누가 그래도 된대?" "왜? 왜 그런 건데?" "거기 누구누구 있었어? 너 말고 더 간 애들 있어?"
	이런 질문에 아동들은 혼란스럽고 불안할 겁니다. 답을 하기가 두려우니 대충 말하거나 거짓말을 하게 되지요.
12 **화제전환** **말 돌리기**	"좋은 것만 말해. 좋은 것만 생각하고 말해도 인생 짧다." "즐거운 이야기만 하자." "만날 그렇게 돌아다니고 실속 없는 짓만 하면 나중에 커서 뭐가 될 것 같니?" "그런 쓸데없는 짓 말고 좀 멀쩡한 걸 할 수는 없냐?"
	아동이 어려운 일을 정면으로 마주치고 해결하기보다 회피해도 된다는 생각을 할 수 있습니다. 힘들 때 양육자에게 말해봤자 소용없다는 생각이 들어 마음을 열지 않을 수도 있고요

의사소통 걸림돌에는 공통점이 있습니다. 혹시 찾으셨나요? 바로 "너는 이래. 너는 이렇다. 너는 이렇게 생겨 먹었어.", "너는 이렇게 해야 해."하는 You-Message라는 점입니다. 말하는 사람이 듣는 사람에게 정서적으로 삿대질을 하는 거예요. 말하는 사람이 진짜 손가락질을 하며 지적하고 있지 않지만, 듣는 사람은 지적당하고 있는 기분이 드는 거죠. 크게 틀린 말이 없을지라도 이런 말을 들

으면 아주 기분이 나쁩니다. 당장은 잘 몰라서 그냥 듣고 넘어가지만, 여러 번 경험하면 아동들이 '어? 이거 뭐지? 이상하네. 기분 나쁘네.' 하는 반감이 들 수 있는 소통법입니다. 이런 경험이 축적되면 나중에는 무슨 말을 하든 대화가 제대로 안 될 거에요. 말하는 선생님들 관점에서는 '뭐지? 이 녀석과는 뭔 말을 해도 튕겨 나오는 기분이네.' 이럴 수도 있습니다. 그리고 차차 이렇게 정서적 공감이 이루어지지 않는 사람은 서로 피하겠지요. 좋은 관계를 유지하기도 어려울 거고요. 그래서 이런 감정을 알아주지 않고 내 생각과 판단을 전달하는 말들이 의사소통의 걸림돌입니다.

위의 표에는 없지만, 우리가 일상생활에서 자주 사용하는 의사소통 걸림돌도 있습니다. 한 번 살펴볼까요?

보따리 자랑

'보따리 자랑을 한다.' 어떤 느낌이 드나요? 네, 가지고 있는 보따리, 자기 이야기를 하는 겁니다. 다른 사람과의 대화에서 "네가 겪은 건 일도 아니다. 내가 더 힘들었다." 이런 말을 하는 사람들이 있어요. 힘들어서, 문제가 있어서, 혹은 중요한 자기 이야기를 하는 사람 앞에서 한술 더 떠서 '내가 더 힘들었다, 나는 더한 일도 경험했다'라고 말하는 거죠. 무슨 대화를 하든 그 이야기가 결국 자기에게로 귀결되는 대화를 하는 사람이 있더라고요. 사람이 나빠서가 아니라 공감적 대화를 할 줄 몰라서입니다. 공감 능력이 부족하니 대화를 자기에게 가져와서 끝을 내는 거지요. 처음에는 잘 못 느낄 수 있지만, 시간이 지날수록 '어휴, 내가 힘들다는데 왜 저래?', '무슨 대화가 자기에게로 다 몰려?'라고 생각할 수 있습니다. 이런 경험이 쌓이면 대화 자체를 하기 싫어질 수 있겠지요? 아동과의 대화에서는 이런 실수를 더 자주 하게 됩니다. 어른이 볼 때는 아동들이 지금 겪는 일들이 지나고 나면 그렇게 큰일이 아니라는 걸 아니까, "나 때는"으로 시작하게 되죠. 물론 어른의 경험은 아동들에게 도움이 됩니다. 미리 알아두면 좋은 이야기도 많지요. 다만 이때 과하지 않게, 1절만, 보따리 자랑이 되지 않게 해야겠지요?

빈도 부사

의사소통의 걸림돌이 너무 많지요? 다 기억하기 어렵다면 이거 하나만 기억해주세요. 대화할 때 다음 세 가지 빈도 부사를 사용하지 않기!

항상 "넌 항상 그러더라."
만날 "아유, 만날 그러니 진짜 힘들다."
또   "또 그런다. 또 늦었네." "또 그러면 어떡해?"

'항상'은 전부를 의미합니다. "너는 항상 그래"라는 말은 "너는 전부 그래"라는 말로 들리기도 하지요. 자신의 존재를 향한 공격이나 거부로 들릴 수 있습니다. 우리 아동들이 '항상' 말을 안 듣거나 '항상' 이기적인 건 아니잖아요. 그런 날이 많기는 하지만 항상, 전부 그런 건 아니니까요. 만날도 같은 이유로 피해야 할 단어입니다. '만날'은 '萬날'입니다. '매일같이 계속'이라는 뜻이지요. 아동뿐만 아니라 누구와 대화를 하든 '너는 만날 그 모양이야. 매일매일 나를 힘들게 해.'라는 말을 하는 건 예의가 아닙니다. 항상과 만날은 전부를 의미한다는 걸 잊지 말아 주세요. 듣는 사람 처지에서는 '나라는 인간 전부'에 대한 부정적인 느낌으로 확! 들어옵니다. 나라는 사람, 인격 자체를 비난하는 말투가 얼마나 듣기 싫겠습니까. 그러니 이런 말을 들으면 평소보다 화를 더 크게 낼 수 있습니다.

마지막으로 '또'라는 빈도 부사는 정말 흔하게 사용하는 의사소통 걸림돌입니다. "왜 또 그래?", "또 그러네." 이런 말을 들으면 어떠세요? 기분이 나빠지면서 '뭐라고? 내가 언제? 뭘 또 그랬대?' 하는 생각이 들지 않나요? 보통 "왜 또 그래?"라고 물으면 공격으로 느껴집니다. '또'라는 단어에 걸려서 대화의 주제가 사라지기도 합니다. "내가 뭘, 내가 언제 또 그랬어? 너야말로 또 그러네. 너나 그러지 마!"하는 날 선 말로 받아치게 되지 않나요? 결국, 하려던 이야기는 사라지고 빈도 부사에 걸려서 감정 상한 말만 하다가 끝나거나 아예 입을 다물게 됩니다. 더 유치하게는 막연하게 빈도 부사를 사용하지 않고 '몇 월 며칠에 이랬다.'라고 정말 쓰고 세어보는 사람도 봤습니다. 결과는 어땠을까요? 그 관계는 돌이킬 수 없이 파탄으로 마무리되었습니다. 의사소통의 걸림돌 12가지가 너무 많다면 '빈도 부사 사용하지 않기'만 기억하고 시도해보아도 대화의 질과 관계가 훨씬 좋아지는 것을 몇 주 안에 경험하실 수 있을 겁니다.

  그런데 당장 '이 말들은 쓰지 말아야지.'라고 결심한다고 해서 바로 안 나오지는 않습니다. 오죽하면 어떤 분이 "아니, 그럼 대체 무슨 말을 합니까? 애들에게 말을 하지 말라는 건가요?"라고 물으신 적도 있으니까요. 갑자기 고칠 수는 없습니다. 그러나 '내가 이런 말을 종종 사용하지. 그런데 좋지 못한 언어습관이니 고쳐보자.'라고 인식을 하고 있다가 습관적으로 그 말이 나오면 정정하는 과정부터 가져보시길 바랍니다. "또 그런다."라고 무심코 나왔다면 얼른 정정하는 겁니다. "아, 또 그런 건 아니지. 올봄에 두 번인가 이런 일이 있었지? 난 그렇게 기억하는데 맞니? 거기에 관해 이야기를 좀 해보자."하고 본래 주제에서 벗어나지 않고, 아동을 비난하지 않기 위해 신경을 쓰며 대화하는 거죠. 이런 노력은 동료, 아동들이 알게 됩니다. 세련된 언어는 배우고 연습해야 하는 기술입니다. 그래서 희망이 있지요. 타고난 거라서 절대 바꿀 수 없는 게 아니니까요. 어떤가요? '빈도 부사를 사용하지 말아야지. 자꾸 나오면 인정하고 고쳐가며 대화해야지.' 이렇게 생각하면 안도감이 느껴지나요?

3장

힘이 되는 말

말은 누군가에게 칼이 되기도 하고, 약이 되기도 합니다.

말은 누군가를 살리기도 하고 누군가를 죽이기도 합니다.

말은 누군가를 일으키기도 하고 누군가를 주저앉게도 합니다.

말은 누군가의 잠재력의 문을 열게도 하고, 잠재력을 닫게도 합니다.

말은 누군가의 인생에 오래 남을 가치관을 만들기도 하고,

상처 되는 말이 되기도 합니다.

매일 매일 우리는 말합니다. 그리고 듣습니다. 말하고 들으며 주고받는

대화를 합니다. 선생님도 아동도 부정적인 말보다는 긍정적인 말을

듣고, 하고 싶어 합니다. 말은 여러 가지 모양을 가지고 있습니다.

어떤 상황에 무엇을 어떻게 말하는지에 따라 우리가 전달하려는 마음이

내가 의도한 모양으로 그 사람의 마음에 닿습니다.

꼭 영아들이 동그라미, 세모, 네모 모양을 같은 모양 구멍이 있는 상자

에 넣듯, 우리의 마음이 아동들의 가슴에 닿기 위해서는

아동들의 마음의 모양에 맞는 말의 모양이 필요합니다.

힘이 되는 말 중 칭찬, 인정, 격려의 개념과 실제 사례를 살펴보겠습니다.

살펴본 개념과 사례를 적용하여 선생님께서 아동에게 긍정적인 메시지

를 주고, 아동의 마음에 꼭 맞는 반응을 해줌으로써 빈 가슴을 채우게

되길 바랍니다. 훈육과정에서 긍정적인 말과 피드백은 지시보다

효과적일 때가 더 많습니다. 부정적인 행동을 지적하는 것보다 잘할 때

관심을 주는 것 자체가 긍정 행동을 효과적으로 강화하기 때문입니다.

1
칭찬

칭찬은『좋은 점이나 착하고 훌륭한 일을 높이 평가하는 말』입니다. 아동이 좋은 행동, 말, 태도, 훌륭한 일을 했을 때 이를 평가하는 피드백입니다. 그래서 칭찬에는 평가라는 과정이 있습니다. 칭찬은 공부를 잘하거나, 상장을 받거나, 달리기 1등을 하는 등의 사회적 성과를 만들었을 때 꼭 해줘야 하지만, 한편으로 칭찬은 일상생활에서 적절히 사용할 때 보상이 됩니다.

"오늘 밥을 깨끗하게 잘 먹었네."라는 말에는 깨끗하게 밥을 잘 먹은 것이 좋은 행동이고, 오늘 잘했다는 평가가 담겨 있습니다. 즉, 칭찬은 고래도 춤추게 하지만, 막연한 평가이거나 거짓된 평가를 하면서 칭찬하는 것은 바람직하지 않습니다. 예를 들면, 밥을 건성으로 먹고 있는 아동에게 "밥을 잘 먹고 있네~"라는 칭찬은 아동 스스로 거짓인지 알고, 칭찬은 역설적으로 내가 잘하고 있지 못하다고 반증해줍니다. 아동이 밥은 건성으로 먹지만 바른 자세로 앉아 있다면 자세가 바른 것을 칭찬할 수 있고, 먹기 싫다는 불평을 안 하고 있다면 불평하지 않는 태도를 칭찬하는 것이 바람직합니다. 그래서 칭찬은 구체적인 행동이 있어야 하며, 그 행동이 객관적일수록 칭찬의 효과는 더욱 믿을 만한 피드백이 됩니다.

　우리는 이러한 구체적인 행동을 칭찬하여 아동이 하지 않아야 하는 행동을 더욱 효과적으로 가르칠 수 있습니다. 예를 들어, 소리를 지르지 말라고 말하기보다는 소리를 지르지 않았을 때는 칭찬하고, 소리를 지르지 않기를 기대하는 선생님의 마음과 기대를 전달하는 것이 좋습니다. 우리가 기대하는 것이 아동들에게 명료하게 전달되려면, 무엇을 칭찬하는 지가 정확하게 전달되어야 합니다.

- 오늘은 화가 날 때 소리를 지르지 않은 점 잘했어.
- 지금 화가 났는데, 지난번처럼 물건을 던지지 않은 것은 정말 잘 한 거다.
- 지금 짜증이 났는데 소리는 질렀지만, 욕설을 쓰지 않은 점 잘했다.

- 기분이 상하면 말하기 싫어하는데, 말을 해줘서 고맙다.
- 속상할 때 선생님이 밥 먹으러 가자고 하면 싫다고 했는데, 오늘은 그래도 식사를 한 건 잘했어.
- 신경질이 날 때, 동생에게 쏘아붙이는 말을 하고 싶었을 텐데, 그렇지 않고 잘 참았다.

- 정리하는 거 정말 귀찮아하는 거 아는데, 책상을 깨끗하게 닦았네.

잘했어.

- 화장실 청소하는 거 진짜 싫어하는 거 아는데, 오늘은 툴툴거리지 않고 해줘서 고맙다.
- 씻는 게 세상 귀찮은 거 아는데, 그래도 오늘은 머리를 꼼꼼하게 잘 감았네. 잘했다.

- 게임 바로 끝내는 거 어려운데, 오늘은 시간을 정확하게 딱 맞춘 거 아주 대견하다.
- 게임 하고 싶었을 텐데, 규칙을 스스로 이해하고 단념한 거 진짜 잘했다. 훌륭해~
- 게임을 못 하는 날이라서 좀 예민해질 것 같았는데, 하루를 순조롭게 지내줘서 고맙다.

2
인정

인정은『확실히 그렇다고 여기는 말』입니다.

아동이 어떤 특징이나 특성, 강점, 노력, 생각, 말, 의견 등을 확실하게 인정하는 말입니다. 아동은 자신의 특성, 강점, 노력, 생각을 인정받았을 때 자신의 존재가 갖는 힘을 느끼게 됩니다. 자신을 인정해주는 말은 자기 생각, 기분, 마음 등 모든 것을 더욱 선명하게 하기 때문입니다.

초등학생 시기의 아동들은 수많은 현실적 과업을 마주합니다. 평가받고 좌절하고, 스스로 타인과 비교하면서 열등감을 경험하고, 또 그것을 극복해나가는 시기입니다. 초등학생 아동들은 학업과 친구 관계에서 여러 가지 성공과 실패를 경험합니다. 타고난 재능을 발견하고 꾸준한 노력을 통해 성과를 경험합니다. 상대적으로 타고난 능력이 취약한 부분도 확실하게 알게 되고, 꾸준한 노력이 없을 때 낮은 성과를 경험하기도 합니다. 그래서 더욱 아동이 가지고 있는 개인적 특징, 개인적 생각, 개인적 시도, 개인적 도전, 개인적 마음을 인정해주는 것이 중요합니다. 개인이라는 주체성을 잃지 않아야 사회적 상황과 관계에서 열등감에 사로잡히지 않을 수 있기 때문입니다.

- 네가 일주일 동안 1등을 하려고 저녁마다 달리기 연습한 건 정말 대단한 열정인 거야.
- 하기 싫은 것도 한 번 해보려고 하는 것 역시 도전이야. 싫은 데 해보는 것이 도전이거든.
- 화가 나도 주먹을 안 쓰는 건 아무나 하는 게 아니라, 네가 감정조절이 탁월한 거야.

- 매일 가장 먼저 학교에 가는 건 성실한 태도야. 아무나 가진 강점이 아니야.
- 네가 있는 곳엔 사람이 몰리고 즐거워지며 신나. 사람을 모으는 힘은 타고난 거야.
- 너의 손에 들어가면, 뭐든 고쳐지거나 만들어진다. 넌 확실히 손재주가 있다.

- 너의 말은 하나도 틀리지 않았어. 선생님도 너와 같은 생각이야.
- 너의 생각이 좋네. 선생님이 인정해.
- 네가 생각한 대로 해보자. 너의 생각과 판단을 믿어.

- 네가 생각했을 때는 네가 화를 안 내면 동생이 자꾸 버릇없게 한다

는 거지? 일리가 있어.

- 화를 내서 기선을 제압한 다음에 어떻게 할지 계획이 있니?
- 좋아하는 것도 아닌데 열심히 해봤자 시간 낭비라는 것이 아주 많이 틀린 말은 아니라고 생각해. 그러면 어떻게 하면 좋을지 방법이 있니?
- 공부는 하기 싫다, 인정! 어떤 공부가 제일 싫으니?

3
격려

격려는 '용기나 의욕이 솟아나도록 북돋아 주는 말'입니다.

칭찬과 격려는 다릅니다. 칭찬이 어떤 결과에 대한 평가라면, 격려는 결과와 과정에서 용기와 의욕을 북돋아 주는 말입니다. 만약 아동이 시험을 잘 못 보거나 태권도 심사에서 상을 못 받는 등 좌절을 했다면, 그 결과 때문에 풀이 죽거나 낙담하지 않도록 다시 의욕이 솟도록 해주는 말입니다. 다시 도전할 용기가 없을 때 다시 새 힘이 나도록 용기를 실어 주는 말입니다. 그래서 격려는 아동이 무슨 일을 하다가 힘들어할 때 필요한 말입니다.

나이가 어릴 때는 자신이 경험한 좌절을 단순하게 생각할 수 있지만, 나이가 많아질수록 자신이 직접 체험한 좌절이나 실패는 꽤 의미 있는 기억으로 유지됩니다. 자신의 능력과 결과를 현실적으로 직시할 수 있는 인지능력을 갖게 되면서, 더욱 냉정한 승패와 성공과 좌절을 경험합니다. 그래서 나이가 많아질수록 격려는 매우 중요해집니다.

<인정> 부분에서 언급한 것처럼 초등학생 시기는 꾸준한 노력을 통해 능력과 성과를 획득하는 발달 시기이지만, 열등감도 배우는 시기이기 때문에 열등감에 사로잡히지 않기 위해서는 다시 도전하는 힘이 필요합니다. 그리고 실패와 좌절을 부정적으로만 생각하지 않고 자신에게 의미 있는 경험이 되었다고 생각하며, 그 경험을 토대로 다시 분발하고 재도전하는 도약이 필요합니다. 이것이 가능하도록 도와줄 수 있는 사람이 아동들 곁에 있는 어른입니다.

- 열심히 준비했는데, 생각만큼 성적이 안 나왔지. 노력한 게 아깝잖아. 다시 힘을 내보자.
- 노력하는데 마음처럼 잘되지 않아 힘들지. 넌 잘하고 있어. 노력한 결과는 꼭 너에게 찾아올 거야.
- 힘들게 과제를 준비했는데 칭찬을 못 받아서 실망했겠다. 너의 수고와 노력을 알았더라면 정말 다들 대단하다는 반응이었을 건데. 너의 진가를 못 알아보니, 진짜 아쉽네~

- 오늘 제일 먼저 공부 다 하고 1등으로 끝내고 칭찬받고 싶었구나. 네가 노력하고 있는 모습이 오늘의 베스트야~ 그 마음이면 충분해~
- 네가 만든 레고는 애들이 멋있다고 안 해줘서 좀 섭섭했을 수 있겠어. 선생님은 네가 얼마나 진지하게 구상해서 만들었는지 알고 있어. 내가 너의 작품을 사진 찍어서 기억할게~
- 그림이 잘 안 그려지니까 그냥 안 하고 싶을 수도 있지, 이해해. 그래도 선생님은 네가 밝은 색깔로 색칠을 한 너의 그림이 참 좋아~ 너만

의 느낌이 있어.

- 친구들과 못 만나서 너무 아쉽구나. 애들이 오늘 네가 없어서 허전하겠다.
- 사고 싶은 게 있는데, 용돈이 없어, 이런! 다시 모으자! 얼마나 모아야 하지?
- 너는 선물을 못 받았어. 아이고... 다음에도 기회가 있어. 언제를 기회로 삼아볼까?

- 넌 열심히 했고, 열심히 하고 있고, 열심히 한 결과가 곧 나타날 거야.
- 지금처럼 하면 돼. 충분히 최선을 다하고 있어.
- 기회는 여러 번 있어, 늘 기회는 있어, 우리 다시 기회를 찾자!

4
발달 시기에 따른 의사소통

아주 어린 영아기에는 눈 맞춤과 접촉으로 사랑을 느낀다면, 언어능력이 폭발적으로 성장하는 유아기가 될수록 언어적 상호작용을 통한 칭찬을 사랑으로 느끼고, 학령기가 될수록 능력과 노력에 대한 인정과 격려를 진정성 있는 애정이라고 느낍니다. 이는 아동들의 연령별 발달 시기에 따른 자연스러운 특징입니다.

에릭 에릭슨 Erik Erikson 은 정신분석학적 관점에서 인간의 심리사회성 발달을 여덟 단계로 구분하였습니다. 여기서는 에릭슨의 발달단계특징에 따라 칭찬, 인정, 격려에 접근해 보려고 합니다.

1단계. 신뢰 대 불신(Trust vs. Mistrust) 단계 (1-2세)
따뜻하고 부드러운 접촉을 하며 칭찬을 해주세요.

이 시기에 아기는 누군가를 신뢰하고 불신해야 하는지 분별하는 것이 발달합니다. 신뢰감만 필요한 것이 아니라, 누가 믿을만한 사람인지를 파악하는 방법을 배워가는 것도 필요합니다. 이 시기에

나에게 일관적인 미소, 접촉, 젖과 분유를 주고 안아주는 사람을 신뢰하고, 불안정한 태도나 비일관적인 돌봄을 제공하는 사람은 믿지 않습니다. 그래서 영아기에는 애착을 형성할 수 있는 규칙적인 일과와 정서적 유대감 조성이 중요합니다.

2단계. 자율성 대 수치와 회의
(Autonomy vs. Shame and Doubt) 단계 (3-4세)
스스로 하는 것에 의지를 갖도록 도전과 자조 기술을 배울 때 칭찬해주세요.

이 시기에 아동은 소변과 대변을 조절하고 통제해보면서 스스로 조절하는 능력인 자율성을 배워갑니다. 아동은 소변과 대변의 신호를 말로 전달하고, 스스로 해보겠다고 주장하면서 자기표현을 언어로 하기 시작합니다. 또한, 사회적으로 수용될 수 없는 행동을 할 때 수치심을 느끼기도 합니다. 아동은 적절한 칭찬을 받으면서 스스로 숟가락질을 하려고 노력도 해보고, 화장실에 갈 때 옷도 내려보고, 양말도 신어보는 도전과 시행착오를 하며 사회화 과정에서 필요한 자기통제감을 배웁니다. 손짓과 눈짓보다는 말로 표현하는 언어 발달, 양육자가 아닌 또래와 노는 사회성 발달, 다양한 정서를 인식하고 표현하는 정서 발달의 시기입니다.

3단계. 주도성 대 죄의식(Initiative vs. Guilt) 단계 (5-7세)

구체적인 행동을 묘사해주는 언어로 칭찬을 해주세요.

이 시기 아동은 분명한 목적을 가지고 활동하기 시작합니다. 자율성 시기에 확인한 자신의 능력과 의지를 믿고, 어떤 목표를 달성해보고자 노력을 기울입니다. 계획하고 놀며, 자신의 계획을 또래에게 설명하며 자신이 결정한 방향대로 주도하여 성취해보기를 원합니다. 그러나 주도하려는 것이 너무 일방적이거나 자기중심적일 때, 사회적 가치와 규범에 어긋난다는 것을 배우며 죄책감을 느낍니다. 이 시기, 적절한 죄책감 경험은 필요합니다. 민주적으로 자신의 욕구를 표현하되 누군가에게 해가 되지 않고, 규범과 질서를 지키는 도덕성과 자기중심성을 사회적 가치에 따라 조절하는 초자아가 형성되기 때문입니다. 아동의 주도적인 시도는 칭찬하되, 부적절한 행동을 할 때 그 기준을 합리적으로 설명해주고, 세부적인 지도와 칭찬을 해주어야 합니다.

4단계. 근면 대 열등감(Industry vs. Inferiority) 단계 (8-13세)
노력과 획득한 능력에 대한 구체적 칭찬과 좌절에 대한 격려를 해주세요.

초등학생의 학령기 발달 시기는 학습을 통한 인지능력이 두드러지게 발달하는 시기입니다. 다양한 학습을 경험하면서 인지발달의 정교화와 확장이 일어납니다. 따라서 이 시기는 학습을 통한 유능감이 발달하는 시기입니다. 학습이란 단번에 성취되는 것이 아니기에 근면성을 가지고 꾸준히 노력하게 됩니다. 초등학생 시기의 아동들은 근면 성실한 학습을 통해서 유능감을 획득하기도 하지만, 상대적으로 열등감을 경험합니다. 열등감은 보다 나은 능력을 갖고자 하는 동기를 자극하는 작용을 하기도 합니다. 그러므로 초등시기 아동들은 노력을 통한 유능감을 경험할 수 있는 다양한 영역에서의 지원이 필요합니다. 동시에 실패로부터 상처받지 않기를 바라며 과보호하지 말고, 열등감도 경험할 수 있도록 물러서서 지켜봐 주어야 합니다.

4장

표현하는 말

이 장에서는 아동들과 함께 생활 중에 수시로 사용하게 되는
요청과 주장, 그리고 사과를 이야기하려 합니다.

1
요청

요청은 "~ 하지 마!"하는 요구와는 다릅니다. 그러나 어른들은
아동들에게 "이렇게 하면 안 된다.", "이렇게 해야만 한다."는 말
을 자주 하게 됩니다. 우리가 자라며 들었던 매우 익숙한 말이니까
요. 이건 행동을 요구하는 말이지, '나는 당신의 도움이 필요합니
다. 협력해 주세요.'라는 의미의 요청과는 다릅니다. 요청은 일방적
인 게 아니거든요. 혼자 생각하거나 일방적으로 명령하는 게 아니
며, 반드시 상대에게 그 말을 받아들이고 행동하라고 해서도 안 됩
니다. 그건 강요지요. 아동들이 우리의 말을 듣고 싶다고 말할 수
있습니다. 이게 요청과 요구를 명확하게 구분하는 기준이 됩니다.

내가 지금 하는 말이 요구인지 요청인지 정확하게 모르겠다면, 나
의 말에 아동들이 '싫다'라고 말해도 괜찮은지 스스로 확인해보세

요. 그리고 아동들도 자신들이 선생님과의 대화 중에 '거절을 표현해도 괜찮다, 거절해도 후환이 없다'라는 걸 명확하게 알고 있어야 요청입니다. 동시에 아동들도 자신의 필요를 이야기하게 해주면 더욱 좋습니다. 요청도 서로 할 수 있다는 걸 기억해주세요. 요청-거절은 동전의 양면처럼 늘 함께 있습니다. 아동들과 우리가 서로 요청하고 거절할 수 있는 것처럼요.

1) 준비된 요청

좋은 요청은 명확하고 구체적입니다. 실천 가능한 걸 부탁하지요. 분명하게 요청하려면 다음과 같이 준비를 하면 더 좋습니다. 대부분 대화가 그렇듯 요청도 다음 5가지에 맞춰 미리 준비해보면 조금 덜 어렵게 다가오고 연습에도 도움이 됩니다.

대상 누구에게 : 누구에게 요청해야 하는 상황인가?

상대가 좋아하는 것과 타협하기 어려울 만큼 싫어하는 것을 알면 더 좋다.

목적: 지금 이 요청은 무엇을 위함인가?

시기 언제 : 요청하기 가장 적합한 때는 언제인가?

피해야 할 시간이 있는가?

무엇: 내가 상대에게 요청하려는 것은 정확하게 무엇인가?

모호한 개념이라면 구체적인 행동으로 표현하면 더욱 좋다.

어떻게: 대면으로 할 것인가? 비대면으로 할 것인가?

어떤 방법이 가장 효율적인지 명확하게 제시하면 상대가 수락하기 더 좋다.

2) 요청의 기술

    <요청의 힘>의 저자 김찬배 박사는 "요청은 타고난 게 아니라 누구나 학습이 가능한 기술"이라고 말합니다. 태도와 기술에 관한 문제라 노력을 통해 얼마든지 변화하고 발전할 수 있다니 희망이 느껴지지요? 기술은 근력운동과 비슷합니다. 운동을 시작했다고 다음 날 바로 탄탄하게 근육이 생기는 건 아니지만, 꾸준히 운동하면 어느 날 자신도 모르게 팔다리에 근육이 자리 잡았다는 걸 알게 되어 기쁜 것처럼요. 요청도 배우고 훈련하면 향상되는 소통의 기술입니다.

간결하게 요청하기
장황하고 길게 이야기하면 무엇을 들어주어야 할지 모릅니다.
특히 아동들은 관심사가 정말 다양하고 집중하는 시간도 짧지요.
일의 중요도와 실현 가능성을 고려하고 우선순위를 정해서 간단명료하게 요청하세요.

구체적으로 요청하기
일찍 들어와. –> 저녁 7시까지 들어와.
이번 주말에 이야기하자. –> 이번 주 토요일 오후 4시에 OOO에서 이야기 나누자.

긍정문으로 요청하기

부정적인 요청은 무엇을 '하면 안 되는지'만 제시합니다.

어떻게 '해야 하는지' 명확히 알 수 없으니,

속으로 생각하거나 막연하게 바라는 걸 직접 말해주세요.

건강을 위해 야식 먹지 마. > 건강을 위해 해가 지기 전에 식사를 다 마치는 게 좋아.

생각 안 하고 마구 말하지 마. > 욕이 나오려고 하면 속으로

손가락으로 세는 걸 보며 주며 5까지 세어봐.

2
주장

좋은 자기주장은 어떤 걸까요? 자기 마음대로 하는 방법을 '자기주장'이라고 오해하는 사람들이 간혹 있습니다. 자기주장을 하는 건 타고난 행동도 아니고, 자기 마음대로 하는 건 더더욱 아니랍니다. 자기주장도 역시 생각하고 소통하는 대화의 기술 중 하나입니다. 좀 단순하게 표현하자면 '자신 있게 자기를 표현할 수 있는 상태'라고 할 수 있습니다.

아동들은 자라며 주변의 중요한 사람들과 사건들을 경험하며 자기 목소리를 내는 방법을 터득합니다. 때로는 좋지 못한 언행言行을 선택했는데 보상이 돌아오는 걸 보기도 하고, 직접 경험도 합니다. 소리 지르거나 물건을 던지는 등 좋지 않은 방식으로 관심을 받으려고도 합니다. 그릇된 자기주장을 하는데, 그 목적이 달성되는 경우도 많다는 거죠. 아동들은 설령 그 관심이 꾸중이라 할지라도 아무 존재감이 없거나 무시당하는 것보다 낫다고 생각합니다. 그래서 좋지 않은 말과 행동을 하기도 합니다. 어른의 생각으로는 이해가 안 되나요? 사실 우리 주변에서도 이런 좋지 않은 행동을 하는 사람을 보게 됩니다.

- 좋게 말을 해도 되는 일에 고함을 지르는 사람
- "그렇게 말하지 말아줘. 그런 말을 들으면 속상해." 라고 말하는 대신 토라져서 사사건건 시비를 거는 사람
- 언짢거나 못마땅한 일에 계속 짜증 내는 사람
- 좀 쉬었다가 다시 시작해도 되는데, "쉬어야겠어요.", "이건 내가 할 수 없는 일이야." 라는 말을 못 하고 계속 일하거나 붙잡고 있다가 결국은 나가떨어져서 회복이 어려운 상태에 놓인 사람

　어떤가요? 아동들도, 우리도 의외로 많이 하고 있지요? 이런 좋지 않은 언행 대신 건강하게 자기주장을 하는 방법을 찾아보려 합니다. 건강한 자기주장은 타고난 반응이 아니라는 주장들이 꽤 많습니다. 사람은 불편한 낯설거나 불편한 상황에서 수동적이거나 공격적으로 행동하는 게 자연스럽거든요. 가장 효과적이지 않은 걸 알면서도 그냥 나와버리는 거죠. 그런데 자기주장은 생각하는 과정을 거쳐야 하니 본능적으로 나온다고 보기 어렵습니다. 배우고 연습하며 자기에게 익숙해지는 과정이 필요합니다. 물론 이런 습득 과정보다 더 중요한 건 양육자의 마음이지요.

1) 자기주장 4단계

아동들과 생활할 때 관계와 기분이 좋으면 이런 단계를 기억하지 않아도 자연스럽게 적절한 주장과 수용의 과정이 이어질 거에요. 문제는 갈등 상황이지요. 종종 좋은 관계로 지내지 못하는데 갈등이 생기면 어떻게 대처해야 할지 모르는 경우가 많습니다. 이건 선생님들뿐만 아니라 아동들도 마찬가지고요. 여기서는 좋은 자기주장 방법을 4단계로 이야기하겠습니다. 이때 가장 중요한 건 아동을 향한 마음가짐입니다. 문제를 빨리 해결하고 싶은 조급함을 잠시 접어두고 아동을 소중하게 여기는 마음, 존중의 마음을 가지되 말과 행동은 상황에 휘둘리지 않고 단호해야 합니다.

멈춤1

아동들과 갈등을 겪을 때 우리 안에 화, 짜증, 실망감, 무력감 등 감정이 올라오지요. 그때 심호흡을 하거나 속으로 말하는 겁니다.

"후! 잠깐 멈추자. 바로 반응하지 말자."
"잔소리하지 말자."
"혼내지 말자. 협박하지 말자."
"내가 해결하려고 하지 말자."

존중

아동을 존중하고 이해하려고 노력하는 단계입니다. 물론 쉽지 않습니다. 그러나 일단 1단계에서 멈추고 숨을 돌렸으니 분노, 짜증, 속상함, 그리고 실망의 감정을 모두 쏟아내는 과정은 지나갔습니다.

"왜 저렇게 말하고 행동할까?"
"힘겨루기에 말려들지 말자."
"지나가는 시간 속의 많은 일 중 하나다."

멈춤2

아동의 그릇된 행동에 초점을 맞추지 말아야 한다는 의미입니다. 아동들이 그릇된 언행으로 우리를 힘들게 하는 순간들이 많지만, 매번 아동의 행동에 하나하나 초점을 맞춰서 판단하고 수정해주려고 하면 아동들에게 변명하거나 반박할 꼬투리를 주게 되거든요. 지금 우리는 아동들을 존중하고 동등한 인격체로 대하는 중입니다. 그래서 일방적으로 화를 내거나 꾸중하지 않고 적절한 자기주장을 통해 대화하는 거지요. 목적을 잊지 마세요.

주장

오래 기다리셨죠? 본론입니다. 자기주장을 하는 순간입니다. 아동에게 "내가 너를 신뢰하고 사랑한다."는 확신을 주는 비언어적인 메시지를 더하면 좋겠습니다. 미소를 짓거나 머리를 쓰다듬을 수도 있겠지요. 한 어른이 자신과 불편한 상황에 놓여있을 때 즉각적으로 반응하지 않고 멈춤1-존중-멈춤2의 단계를 거쳐 적절한 말을 하는 상황입니다.

"이런 과한 말을 하지 말아줘. 우리가 함께 지내기 위해서는 욕과 폭력이 안 되는 건 알지?"

"학교에서 무슨 일이 있었니? 네가 아무 이유 없이 그러지 않을 거라고 생각하거든. 이모 삼촌, 선생님 에게 이야기해 줄 수 있니?"

"그랬구나. 그래, 이유가 있을 거라고 생각했어. 그렇지만 우리가 함께 생활하면서 지켜야 할 규칙들이 있잖아. 그리고 정해진 일과는 하고 자자."

"이야기를 다 듣지 않고 화를 내서 미안하다. 정해진 일과는 하고 자자."

"이야기를 다 듣지 않고 화를 내서 미안하다. 그렇지만 이모 삼촌 에게 '이모 삼촌 나 잘하라'라고 말하는 건 과하다. 나도 잘하려고 애쓰고 있어. 가끔 실수할 때도 있는 법이잖니."

2) 자기주장의 기반이 되는 3가지

좋은 방법으로 자기주장을 잘하는 사람을 보면 어떤 생각이 드시나요? '와, 멋지다.', '어떠한 상황에도 자기감정과 생각을 저렇게 잘 말하는 사람이 있다니! 부럽다!' 보통 이런 생각들을 하지요. 건강한 자기주장은 선택과 자존감, 그리고 권리를 포함하고 있습니다. 우리는 자기주장이 무엇을 포함하고 있는지, 거기까지는 생각하지 않습니다. 그러나 우리가 자기주장을 잘하는 사람을 부러워하는 이유는, 좋은 자기주장에 다음 세 가지가 담겨 있기 때문입니다.

(1) 선택

자기주장은 선택입니다. 사람은 익숙함을 좋아하지요. 자동적인 생각과 이어지는 느낌을 따라 말하고 행동하는 게 가장 편합니다. 갈등 상황에서 바로 떠오르는 생각을 멈추고, 아동들을 존중하는 마음으로 이해하려고 노력하는 단계로 들어가야 하니 자기주장은 정말 선택의 문제입니다. 빅터 프랭클 Viktor E. Frankl 은 자극과 반응 사이에 공간이 있고, 그 공간에서의 선택이 삶의 질을 결정한다고 말했습니다. 관계 속에서 겪는 크고 작은 갈등들은 우리를 자극합니다. 우리의 말과 행동은 그 자극에 대한 반응입니다. 아주 짧은 순간, 너무 짧아서 그런 시간이 있다고 인식도 못 하는 그 순간에 생각과 감정이 지나가는 건 그 공간에서 이루어지는 작업이지요. 그때 적극적으로 선택하는 겁니다. 그동안 서로의 마음이 상하는 말을 주고받은 잘못된 대화방식에서 벗어나기를 선택하는 거고, 건강하게 말하는 걸 선택하는 거지요.

(2) 자존감

선택은 자존감과 연결됩니다. 사전적으로 말하자면 자존감은 '자기 자신, 나의 능력, 그리고 내 가치에 대한 전반적인 평가와 평가하는 태도'이고요, 국제자존감협회에서는 자존감이 중요한 이유를 '인생에서 수많은 선택을 내려야 하기 때문'이라고 했습니다. 사람은 살면서 셀 수도 없는 선택을 계속해야 하는데, 자존감이 낮으면 내가 나를 못 믿는 거니까요. 내가 내 선택을 신뢰하지 못하거나, 아니면 나를 못 믿어서 선택 자체가 힘들기도 하지요. 무슨 옷을 입을까, 점심은 뭘 먹을까 하는 일상부터, 불편한 상황에서 어떤 말을 할지, 직장이나 결혼 등의 인생의 큰일까지, 많은 선택을 내려야 하니 자존감이 높아야 합니다.

그러니 대화에서 새로운 좋은 방법을 선택하는 건 자존감이 높을 때, 나를 믿고 해볼 수 있는 거랍니다. '한 번에 잘해야 한다, 제대로 해서 아동들을 고쳐보겠다'라는 생각들은 완벽주의입니다. 비합리적인 신념이지요. '완벽주의와 작별'하는 건 자존감을 높이고 좋은 선택을 해 보는 기회를 줍니다. 자기주장을 해보려는 시도도 선택이고요, 그걸 바로 잘하지 못하더라도 도전해보는 건 완벽주의를 버리는 작업, 마음의 근육을 조금 튼튼하게 하는 자존감 향상의 첫 단추를 잠근 거예요.

(3) 권리

내가 가진 모든 권리는 상대방도 가졌다는 걸 기억해야 합니다. 이렇게 4단계에 걸쳐 말을 해도 상대가 거절할 수 있지요. 주장할 내 권리와 더불어 아동의 거절할 권리까지 인정하는 건데요, 참 쉽지 않습니다. 상대가 동료면 그래도 같은 성인이니 좀 나으려나요? 아니요, 나의 주장의 권리와 동시에 타인이 그걸 받아들이거나 거절할 권리를 모두 가졌다는 걸 인정하는 건 자동으로 되는 일은 아닙니다. 미리 알고 생각하는 작업이 필요한 일입니다. 여기까지 가능한 사람이라면, 자신과 타인을 보호하며 좋은 대화를 할 수 있습니다.

기억해주세요, 아동이든 성인이든 사람은 누구나 자기주장을 하고, 또 타인의 요청과 주장을 거절할 권리를 모두 가졌습니다. 이 점을 간과하면 공을 들여 배우고 연습해서 자기주장을 잘해놓고도 아동들의 반응에 자동적인 반응을 하지 않도록 나의 자기 주장할 권리와 더불어 아동들의 거절할 권리 또한 기억해주세요.

3
사과

의사소통을 가장 잘하는 사람은 '사과를 제대로 잘하는 사람'이라고 생각합니다. 무슨 일을 하든 관계 안에서 사과할 일이 생기게 마련이지요. 그런데 이 사과는 진짜 용기가 없으면 못 합니다. 자신의 감정에 솔직할 용기, 상대가 사과를 받아줄지 아닐지 걱정되는 마음도 있지만 그래도 진심을 전달하고자 입을 떼는 용기, 그래서 '진정한 용기'가 있어야 사과할 수 있는 거지요.

1) 가장 좋은 사과

심리학자 게리 채프먼 Gary Chapman 과 제니퍼 토머스 Jennifer Thomas 는 <사과의 다섯가지 언어>라는 책에서 사과를 위한 다섯가지 단계를 소개합니다.

- 1단계: **유감 표시하기**
- 2단계: **무엇이 미안한지 말하기**
- 3단계: **책임 인정하기**

- **4단계:** 보상 의지와 실행 계획 밝히기
- **5단계:** 재발 방지 약속하기

'미안해', '죄송합니다.' 그 말 자체는 사실 완전한 사과가 아닙니다. 유감 ᵣₑᵍᵣₑₜ 의 표현이지요. 그래서 두 번째, 사과할 때는 '무엇이 미안한지'를 구체적으로 표현하는 것이 좋습니다. 그냥 "미안해"라고 말하는 것보다 "내가 늦잠을 자는 바람에 네가 20분이나 기다렸네. 너무 미안해.", "함께 이야기하며 해결해야 했는데 소리 질러서 미안해."처럼 구체적으로 무엇을 잘못했는지 알고 시인할 때 진정한 사과가 됩니다.

세 번째는 두 번째와 연결되는데요, 유감을 표현하는 수준의 "미안해"를 넘어서서 자기 잘못의 책임을 인정하는 "내가 잘못했어.", "이건 정말 내 실수야."라고 명확한 말을 해야 합니다. 사과를 연구하는 전문가들은 발생한 사건에 대해 "미안하다."라는 유감을 표명하는 것과 "이런 점은 내가 잘못했어."라는 책임 인정이 모두 필요하다고 말합니다. 종종 나는 분명히 사과한다고 했는데, 상대방은 사과를 받지 못했다고 생각하는 때도 있지요? 그게 바로 세 번째, 책임을 인정하는 말이 빠져서 그럴 수 있습니다. 자신의 잘못이나 실수를 명확하게 인정하는 것은 진정성과 연결되기 때문입니다. 진정성이 빠진 사과는 사과가 아니라 그냥 '자기 입장표명'에 불과

하니까요.

　사과를 위한 네 번째 단계는 "어떻게 하면 너의 화난 마음을 풀어 줄 수 있을까?"와 같은 보상 의지를 보이는 말을 하거나, "다음부터는 네 이야기를 끝까지 듣고 말할게. 중간에 화내지 않을게. 약속해."처럼 실행 계획을 약속하는 겁니다. 그저 "미안해."라는 입술로 하는 사과와는 질적으로 다르겠지요? 마지막 다섯 번째는 재발 방지를 약속하는 거예요. 기업이나 기관에서 문제가 생겨서 사과문을 발표할 때 "다시는 이런 일이 없도록 최선을 다하겠습니다."라고 하지요? 그게 딱 좋은 예입니다. "다음부터 이런 일 없도록 노력할게.", "다시는 같은 실수하지 않도록 주의하겠습니다."라고 말하고 그 약속을 지키기 위해 애쓰는 거죠. 그러면 정말 좋은 사과가 될 수 있습니다.

　이런 정중한 사과를 하는 사람은 정말 세련되고 신사적입니다. 흔하게 하는 착각 중에 사과하면 관계에서 약자의 위치에 놓인다거나, 다른 사람이 나를 얕잡아 본다는 게 있지요. 그런데 정말 그럴까요? 정말 깔끔하게 사과하는 사람을 보면 '저 사람 진짜 괜찮네.'라는 생각이 들지 않나요? 아동들과 생활하다 보면 어른도 사과할 일이 생깁니다. 좋은 사과를 한 어른을 아동들은 어떻게 생각할까요? 만만하게 볼까요? 아니요, 정말 괜찮은 사람으로 보일 겁니다.

만약 정중하게 사과하는 사람이 우습게 보인다면 그건 그렇게 본 사람의 문제거든요. 아동들은 어른이 자신의 잘못을 바로 인정하고 정중하게 사과하는 모습을 통해 문제를 해결하는 방법을 배웁니다. 사과뿐만 아니라 다른 의사소통 기술도 그렇습니다. 인내심을 가지고 상황에 맞는 말을 하도록 가르쳐주기도 해야 하지만, 삶 속에서 아동들이 자신에게 양육자가 어떻게 대화하는지 보고 배우는 점이 참 많습니다. 우리가 먼저 배우고 실천하면, 어느 날 아동들이 우리의 소통 방법을 따라하는 걸 보고 깜짝 놀랄 거예요.

2) 사과를 희석하는 말 2가지

(1) "만약 그랬다면 미안해.", "네가 기분 나빴다면 사과할게."

이 말은 조건부 사과conditional apology입니다. 사과의 말처럼 보이지만 사과가 아니라고 할 수도 있고요. 문제를 해결하려고 "미안하다."라는 말은 하지만 책임은 인정하지 않기 때문입니다. 주로 일을 수습하고 이 상황을 피하고 보려는 정치인이나 기업인들이 많이 사용하지요. 이런 조건이 붙는 '미안합니다', '미안해요'라는 말에는 진정성이 안 느껴집니다.

"만약 그랬다면, 네가 기분 나빴다면"은 사과를 희석하는 말이기도 하고, 사과의 장점benefit은 취하지만 책임과 인정은 피하는 그릇된 말이기도 합니다. 이 말에는 다음과 같은 뜻이 내포되어 있습니다.

- 첫째, "나는 고의가 아니었다.", "기분 나쁘게 하려고 그런 게 아니다."
- 둘째, "네가 그렇게 화내거나 기분 나빠할 만한 일은 아니다.",
  "이게 뭐 그렇게 죽고 사는 일은 아니지 않니?"
- 셋째, "그런데도 네가 기분 나쁘다니 내가 사과를 해주겠다."

그러니 사과를 받아주지 않으면 속 좁은 사람, 별거 아닌 일에 삐치는 옹졸한 사람이 됩니다. 사과를 받기는 받는데 뭔가 기분이 찜찜합니다. 표면적으로는 사과를 받지만 사실 안 받느니만 못한 경우기 때문이에요. "네가 기분 나빴다면 사과할게.", "아, 내가 잘못한 거면 사과하고 싶어요.", "아, 그런 거라면 사과할게요." 이런 표현들이 모두 진정한 사과가 아닌 이유도 같습니다.

(2) "미안해, 그런데(하지만)"

습관적으로 사과를 한 뒤 자기 상황을 설명하려는 사람들이 있습니다. 일이 이렇게 된 이유를 말하고 싶은 거죠. 그런데 기억해야 할 게 있어요. 우리말의 "그런데", "하지만" 뒤에는 전혀 다른 말이 나온다는 거죠. 반전을 앞두고 있다는 의미지요. 다른 이야기를 하게 됩니다. 그러면 이건 사과가 아닙니다. 자기변명이지요. 그래도 뭐라고 사정 설명을 해야 할 것 같아서 구구절절 변명하지만, 관계를 위한다면 아주 깔끔하게 "미안해.", "미안합니다."로 끝내주세요. 한 달만 연습해보세요. 관계가 좋아져서 깜짝 놀라실 겁니다.

2부.

보상

1장 보상이란
2장 보상의 실제

1장

보상이란

보상은 아동이 적극적으로 학습하고 반응하는 빈도를 높이기 위해 아동이 원하는 바를 제공하는 것입니다. 보상은 인간의 학습 과정에 녹여져 있습니다. 아기가 미소를 짓거나 옹알이를 하면 아기는 양육자로부터 안아주고 얼러주는 반응 보상 을 얻습니다. 아기가 걸음마를 시작할 때, 양육자의 환호는 걷는 행위에 대한 상당한 사회적 보상이 되고요. 3살 아이가 바람직한 행동을 했을 때, 양육자의 "잘했다."라는 칭찬과 미소는 그 행동을 또 하고 싶게 만드는 보상이 됩니다. 초등학생 아이들 역시, 자신의 노력이나 성취 혹은 어떤 행동에 대해 양육자가 칭찬하거나 인정해줄 때, 아이들은 그 행동을 적극적으로 지속해야 할 '가치 행동'으로 선택합니다. 이처럼 보상은 아이들에게 무엇인가를 학습하게 만들고, 학습한 것을 자기 내면의 가치로 내재화하게 만드는 강력한 동기가 됩니다.

아동을 지도하며 보상을 사용할 때 유의할 점은 강화와 보상을 구별해야 한다는 점입니다. 강화는 아동이 학습하는 과정을 지속할 수 있도록 양육자가 끊임없이 제공하는 지지 혹은 격려입니다. 반면, 보상은 아동이 기대하지 않았지만, 자신의 행동 결과로 얻는 최종 보답입니다.

아이를 양육하는 과정에서 동료들이 보내주는 "힘내.", "잘하고 있어.", "힘들지, 같이 해보자." 등의 지지와 격려는 강화입니다. 양육자의 역할이 힘들지만, 힘을 내서 계속 양육자 역할을 하도록 해주지요. 반면, 보상은 양육자에게 염려와 근심을 많이 안겨준 아동이 갑자기 양육자의 쓴소리를 수용하고 변화된 행동을 보일 때, 양육자에게 반성의 편지와 문자를 보낼 때, 양육자의 마음을 헤아릴 때 경험하게 됩니다. 아동을 양육하면서 기대하지 않았지만, 헌신과 애정을 가지고 양육한 결과로 얻게 되는 큰 사랑이죠. 양육자는 이런 경험을 하면서, 그간 속 썩였던 기억과 사건들이 눈 녹듯 사라짐을 느낍니다.

보상은 계약이 아닙니다. 보상을 줄 테니 어떤 행동을 해야 한다고 말한다면, 그것은 보상이 아니라 계약입니다. 보상은 행동의 결과로 자연스럽게 혹은 논리적으로 따라오는 결과여야 합니다. 이를 강조해서 말하는 이유는 선생님께서 아동에게 보상을 전달할 때, 선생님들의 언어가 보상의 올바른 가치를 잘 전달해야 하기 때문입니다.

"공부를 다 했으니, 30분 게임을 해라." 이것은 보상이 아닙니다. 계약조건 상의 결과죠. "공부를 다 했네. 애썼다. 하고 싶은 게임 재미있게 해라." 이렇게 말해야 앞서 언급한 보상의 의미가 전달됩니다. 공부라는 애쓰는 과정의 결과로서 '원하는 활동'을 마음 편히 할 수 있게 되는 거예요. 강화와 보상은 말의 한 끗 차이입니다. 그렇지만, 아동이 선생님의 말을 통해 배우게 되는 보상의 개념과 가치가 완전히 달라질 수 있으니, 선생님이 먼저 보상의 개념을 정확하게 이해하고 적용하는 것이 중요합니다.

보상의 유형

구체적 보상	물질적 보상	간식, 음식, 학용품, 장신구 등의 선물
사회적 보상	언어적/비언어적 칭찬이나 표현	언어칭찬, 미소, 관심, 머리 쓰다듬기등
활동적 보상	선호하는 활동 기회	자유시간, 선호활동 가능 기회
상징적 보상	명예의 상징	상장, 메달, 트로피, 칭호 등
평가적 보상	평가적 보상	점수, 별 스티커, 성적 등
금전적 보상	돈 혹은 돈의 기능을 가진 보상	용돈, 달란트, 쿠폰 등
특권적 보상	특권의 부여	원하는 것을 할 수 있는 특권 등
자원적 보상	비공개적인 정보자원 제공	성장, 진로지원 등
내재적 보상	성장, 성취의 느낌과 만족	성취감, 뿌듯함, 성장했다는 느낌
개별적 보상	개인에 대한 보상	비경쟁적, 각 개인에게 정해진 보상
경쟁적 보상	경쟁 구조에서 보상	이긴 사람, 먼저 한 사람에게 보상
협동적 보상	2명 이상의 집단으로 보상 공유	협동으로 성공한 상호의존적 보상

2장

보상의 실제

시설장 인터뷰 정리

각 시설에서 아이들과 선생님에게 어떤 보상을 하고 있는지,
우리 시설의 강점과 고유함은 무엇인지 6개 아동 양육시설의 원장님과
사무국장님을 인터뷰하였고 거의 가감 없이 정리해보았습니다.

시설마다 상황이 다르기에 기술된 보상 사례가 같은 효과를 내리라
생각하지는 않습니다. 또한, 각 시설의 고유한 문화와 맥락이
있으므로 사례를 적용하는 것이 어려울 수도 있고요.
그러나 여러 사례를 보시면서 새로운 아이디어들이나 팁을 얻으실 수
있을 것으로 생각합니다. 협조해주신 분들께 깊이 감사드리고,
읽으시는 분들께도 실제적인 도움과 가이드가 되면 좋겠습니다.

1
아이들을 위한 보상

1) 가지고 싶은 것

아이들은 자기만 받을 수 있는 보상을 좋아합니다. 어린아이들은 간식, 상품권 등을 원하고 나이가 많아질수록 마음에 드는 옷을 사거나 꿈을 지원해주는 것 등을 원합니다. '하고 싶어', '되고 싶어'라고 스스로 말하는 아이들이 많지 않은 것이 사실입니다. 그러나 아이들이 원하는 것, 목표가 생겼을 때 꾸준히 노력하면서 원하는 것을 얻어가는 과정이 중요합니다. 스스로 생각해서 결정했을 때 보상은 효과적입니다.

예1 유튜버가 되고 싶어 하는 아이에게 계획을 세워보라고 한 후, 계획을 잘 지키면 장비를 사주겠다고 약속하고 사줌.

예2 일본어를 하고 싶어 하는 아이에게 학원에 다니게 해줌.

(2) 장난감

후원자들께서 장난감을 후원해주시는 경우가 많습니다. '보물창고'를 만들어서 그 장난감들을 보관해 두었다가 아이들이 칭찬받을 만한 행동을 했을 때 보물창고에서 자기가 원하는 장난감을 가져가도록 합니다. '특별 선물'을 받은 아이들은 뿌듯해합니다. 아이들은 보물창고를 보면서 무엇이 들어 있을까 궁금해하기도 합니다. "다음에 약속을 잘 지키면, 해야 할 일을 잘 하면 선물해줄게."라고 이야기할 때 이것이 아이들에게 동기부여가 됩니다. 한 달에 한 번 정도, 생각지도 않았을 때 받는 선물이 효과가 큰 것 같습니다.

(3) 용돈

시험을 잘 보고 온 아이들에게는 선생님들께서 적은 액수의 돈을 주기도 합니다. 선생님께서 "기분이다."라고 이야기하면서 용돈을 주면 아이들이 좋아합니다.

친구들과 놀이동산에 가기로 했는데 돈이 부족하다고 하면 '용돈 계획서'를 작성하라고 합니다. 아이가 '용돈 계획서'를 작성해 오면 '특별 용돈'을 지급해주는데, 돈의 액수가 터무니없으면 협상을 합니다. 풍족하지는 않지만, 기분 좋을 만큼의 돈을 줍니다.

2) 정서의 항아리 채우기

(1) 소소한 챙김 받기

아이들은 소소한 관심과 챙김을 좋아합니다. 예를 들어, 보통 아이들은 식사와 간식을 밖에서 거실에서 먹습니다. 그런데 중고생의 경우, 방에서 공부하고 있으면 과일이나 간식을 방에서 먹을 수 있게 해줍니다. 학교에서 늦게 돌아오는 아이들을 위해서는 좋아하는 반찬을 남겨두었다가 돌아오면 챙겨줍니다.

(2) 선생님과의 데이트

아이들은 특별히 자기만 누릴 수 있는 보상을 좋아합니다. 그중의 하나가 선생님과의 데이트입니다. 그래서 선생님과 단둘이 또는 소수의 인원이 같이하는 외출, 숲 산책 등을 계획합니다.

(3) 가정방문

후원자님이나 선생님 가정방문 프로그램을 진행하기도 합니다. 아이들이 크면 잘 안 가지만, 어린아이들은 후원자님이나 선생님 댁 방문을 좋아합니다. 2박 3일이나 일주일 정도로 진행하기도 하고, 선생님께서 퇴근하실 때 오늘 노력을 많이 하고 성실하게 지낸 아이를 집에 데려가시기도 합니다. 간혹, 특정 아이에게 몰리는 상황이 벌어져서 매월 한 번으로 제한을 합니다.

가정방문 프로그램을 진행하는 것은 어느 정도 걱정이 따르는 일이기도 합니다. 혹시나 불미스러운 일이 생겼을 때, 책임의 문제가 생기기 때문입니다. 그래서 후원자님이나 봉사자들 가정을 방문할 때는 범죄경력조회를 반드시 하고 보냅니다.

3) 특별한 날

(1) 생일

자기 생일이 되면 아이들은 원장님과 함께 나가서 밥을 먹거나 자기 방 또는집 에 한턱내는 것 중에 선택할 수 있습니다. 한턱을 내게 되면 그날은 치킨 파티, 족발 파티, 피자 파티가 열립니다. 생일이 되면 아이들은 초대장을 만들어서 돌립니다. 초대받은 아이들은 카드라도 써서 참여합니다. 큰 아이들은 쑥스러우니까 한턱내기보다는 원장님과 함께 나가서 밥 먹고 선물 사기를 원합니다. 그날을 아이들이 가장 좋아하고 기다리는 것 같습니다.

생일에는 선물도 주지만 학년마다 액수를 정해놓고 사고 싶은 것을 사게 합니다. 정해진 액수보다 조금 넘어도 괜찮습니다. 액수보다 싼 것을 고르는 아이들에게는 정해진 액수를 다 쓸 수 있게 해줍니다.

(2) PC방 데이

중고등학생들을 위해서는 컴퓨터실에서 밤새 PC를 할 수 있는 PC방 데이를 정해 놓았습니다. 라면, 핫바 등도 준비하여 PC방처럼 꾸며 놓습니다. 주문하면 배달까지 해줍니다. 그리고 그다음 날은 늦게까지 잘 수 있게 해줍니다. 게임을 하지 않는 애들을 위해서는 영화를 보여줍니다.

PC방 데이를 진행하기 위해서는 큰 아이들이 2시간 정도 초등학생들과 놀아주어야 합니다. 큰아이들은 동생들을 위해서 스스로 놀이를 짜서 놀아줍니다. 2시간 실컷 놀아주고 나서 PC방 데이에 참여합니다.

(3) 불금

학습지와 공부 진도를 모두 끝낸 아이들은 금요일 밤에 강당에서 실컷 놀다가 12~1시에 라면 먹고 영화를 보다가 잘 수 있게 합니다. 아이들의 불금을 위해서 강당에 대형 TV와 빔을 설치해 둡니다.

(4) 시상

한 달에 한 번 아이들이 다 같이 모이는 시간을 갖습니다. 한 달 동안 방에서 무엇을 잘했는지 이야기를 듣고 격려 차원에서 아이들 앞에서 최우수, 우수, 장려상을 줍니다. 상은 각 방에서 선생님들과 아이들이 추천한 아이가 받습니다. 일주일에 한 번씩 칭찬 릴레이를 해서 물망에 오른 아이에게 상을 주기도 합니다.

상품은 간식, 좋아하는 라면, 상품권 등입니다. 별거 아닌 것 같은 상품인데도 꽤 효과가 있어서 아이들이 이번 달에는 생활을 잘 해봐야겠다고 생각할 수 있습니다.

아이들은 이 모임을 통해서 학교에서 상 받은 것, 자격증을 딴 것, 임원이 된 것 등 다른 아이들의 좋은 소식을 듣게 됩니다. 서로에게 긍정적 동기부여가 되기도 하고, 이 시간을 통해 스스로 목표를 세우기도 합니다.

집이나 학교에서의 생활을 잘한 아이들이 주로 상을 받지만, 문제행동이 줄었거나 열심히 노력하는 아이들에게도 상을 줍니다. 예를 들어, 아이가 말썽을 피우더라도 발전 정도가 크거나, 말대꾸하던 것이 요즘은 많이 나아졌다면 이것도 반영합니다. 상을 주는 이유를 전체 모임에서 이야기하면 거의 모든 아이는 동의합니다.

상에 대한 기준들 (예)

1. 생활이 많이 나아졌을 때
2. 동생, 친구를 보살피고 협동할 때
3. 책을 많이 읽을 때 학습보다는 성장이 일어날 때
4. 방에서 하기 싫어하는 허드렛일을 할 때
5. 화목한 분위기를 만들 때

4) 더 넓은 세상 경험하기

(1) 체험 및 국내 여행

아이들은 여행과 체험을 아주 좋아합니다. 매년 똑같은 곳을 가게 되면 기대가 없어지기 때문에 선생님들은 해마다 내용을 바꾸려고 노력합니다. 여행을 갈 때는 아이들에게 스스로 갈 곳과 계획을 짜라고 합니다. 전혀 안 되는 아이들이 있고, 하면서 발전하는 아이들도 있습니다.

(2) 해외여행

아이가 무언가를 잘해서가 아니라 해외에 관심이 있거나 아이에게 이런 자극이 필요하다고 판단될 때, 본인이 동의하면 해외여행을 보내줍니다. 해외에 아는 분이 계셔서 연초에 2주씩 홈스테이를 할 수 있게 해주십니다. 직업, 장소, 경험을 넓히는 것에 주안점

을 두고 프로그램을 진행해 주십니다. 아이들은 이 여행을 통해 여행을 도와준 가정과 사람들에게 감사한 마음을 갖게 되고, 다양한 문화를 배우고 다양한 사람들을 만나면서 생각이 넓어집니다.

특히, 한국 사회의 편견으로 인해 힘든 것보다, 넓은 곳에 가서 사는 것이 좋겠다고 생각하는 아이들을 보내줍니다. 여행을 통해 만난 분들과 관계가 끈끈해지면 이분들이 좋은 멘토나 친척으로, 지지자이자 지켜주는 어른이 되어주십니다.

또, 배낭여행과 해외 봉사활동을 보내기도 합니다. 이때 함께 가기 위해서는 아이가 자신이 해야 할 부분에 책임 있는 행동을 해야만 합니다. 예를 들어, 큰 아이들은 자신이 원해서 등록한 학원을 꾸준히 가야 하고, 성적도 어느 정도 유지해야 합니다. 하지 말아야 할 행동이 줄었는지, 줄이기 위해 노력했는지가 중요합니다.

원장님들의 Tip
해외여행이나 체험의 경우는 신뢰할만한 네트워크가 필요하므로 모든 시설에서 시도해볼 수 있는 것은 아닙니다.

5) 방별 및 전체 보상

연초가 되면 방 또는 집 별로 선생님들께서 회의를 해서 그 해의 지도안을 만듭니다. 그 안에 보상이 있는데, 거의 개별적으로 해주는 보상입니다. 방 집 별로 주는 보상은 행사 때, 게임을 해서 이긴 팀에게 주는 정도입니다. 혹은 반장이 된 아이가 있다면 그 아이가 있는 방 집 은 먹고 싶은 것을 사주고 파티를 합니다.

예를 들어, 명절 때 게임, 전 부치기 등을 할 때 거의 모든 집에 보상을 다 주긴 하지만, 협동이 정말 잘 된 방 이나 꾀부리는 사람 없이 잘 만든 방 집 등등 명분을 만들어서 방 집 마다 10만원 상품권을 지급합니다. 그러면 아이들은 그 상품권으로 먹고 싶은 것을 사서 먹습니다. 또는, 1년에 한 번 열리는 체육대회, 가을 운동회 등을 통해 방 집 별로 선물을 줍니다. 아주 작은 것이라도 상을 많이 주자는 생각을 하고 있습니다.

전체 보상은 거의 없는데 1년에 2번씩 바자회를 엽니다. 후원자, 봉사자들이 함께하시고 아이들도 판매할 수 있습니다. 이날은 아이들이 모두 풍성히 먹는 날이고 축제 분위기가 됩니다. 퇴소한 아이들도 와서 함께 합니다. 아이들뿐만 아니라 지역 분들도 이날을 기다립니다.

6) 보상의 기준

(1) 칭찬스티커

칭찬스티커는 미취학 아이들에게는 효과적이지만 나이가 있는 아동들에게는 효과적이지 않습니다. 자기 스스로 선택하고 좋은 방향으로 갈 수 있도록 도와야 하는데 칭찬스티커를 받기 위해 그때만 잘하는 경우가 있습니다.

(2) 포트폴리오

보상으로 기회를 주는 것에 대해 생각하면서 포트폴리오를 시작하게 되었는데, 포트폴리오를 실행하다 보니 아이들이 평소에 좀 더 잘하려고 하고, 잘못한 것을 줄이려고 하는 것 같습니다. 점수가 부여되는 항목은 방 집 별로 아이들에게 설명해줍니다.

식물로 외벽을 장식하는 구조물이 있는데, 아이들이 용돈을 벌수 있도록 식물에 물 주기 등의 아르바이트를 뽑습니다. 선발 과정에서 면접도 보고 일련의 과정을 거칩니다. 이때, 포트폴리오에서 점수가 어느 정도 높은 아이들이 면접을 볼 수 있습니다. 그래서 면접까지 가기 위해서는 평소에 잘하려고 합니다.

포트폴리오 예시

학년	내용	평가
초1 ~ 초6	직원 칭찬 추천서	–
	프로그램 소감문	–
	자원봉사	상반기 최고 200점 / 하반기 최고 200점
	독서	상반기 최고 250점 / 하반기 최고 250점
	목표실천계획서	상반기 1회 / 하반기 1회
	방 생활 평가	3명의 생활지도원의 방 생활 평가
	자기소개서	–
	상장, 임명장, 수료증	–
	장학금 선정 및 자격증 취득 확인서	–
중1 ~ 고3	직원 칭찬 추천서	–
	프로그램 소감문	–
	자원봉사	상반기 최고 200점 / 하반기 최고 200점
	독서	상반기 최고 300점 / 하반기 최고 300점
	목표실천계획서	상반기 1회 / 하반기 1회
	방 생활 평가	생활지도원 3명의 방 생활 평가
	자기소개서	–
	상장, 임명장, 수료증	–
	장학금 선정 및 자격증 취득 확인서	–

포트폴리오 세부평가기준

평가항목	배점	평가기준	비고
방 생활	100	양식에 맞게 평가 관계, 경제개념, 생활 태도 등	방 담당자 평가 (3명)
칭찬 추천서	100	방 담당자 칭찬 추천서	월 1회 한 아동만 추천. 단, 추천한 아동은 중복으로 추천 불가.
자기소개서	100	자기를 표현하고 성실하게 작성	* 초등학생은 특별한 양식 없이 글 또는 그림 등으로 표현 * 중고등학생은 양식에 맞게 작성
	50	미흡한 자기소개서 작성	
상장, 임명장, 장학금	50	개인상장, 장학금확인서, 단체상장, 수료장	학교, 시설
공모	100	공모 선정	글, 그림 등
프로그램 소감문 작성	20	자신이 알게 된 점과 느낀 점을 잘 표현한 소감문	프로그램 참여 후 소감문 양식에 맞게 작성
자격증 취득	200	필기 100점, 실기 100점	–

	200	50회 이상	
	170	50회	
	140	40회	해외 자원봉사자로
자원봉사	110	30회	선정될 시 보너스
	80	20회	50점 부여
	50	10회	
	20	5회	
목표달성	100	목표 달성 정도	
독서	초등학생	250	10권 이상 읽고 독후감 제출	* 20권 이상은 보너스 100점 부여
		200	8권 이상 읽고 독후감 제출	* 양식에 맞게 작성
		150	6권 이상 읽고 독후감 제출	하고 성의 없이 작성
		100	4권 이상 읽고 독후감 제출	시 인정 불가
	중고등학생	300	10권 이상 읽고 독후감 제출	* 20권 이상은 보너스 100점 부여
		250	8권 이상 읽고 독후감 제출	* 양식에 맞게 작성
		200	6권 이상 읽고 독후감 제출	하고 성의 없이 작성
		150	4권 이상 읽고 독후감 제출	시 인정 불가
		100	2권 이상 읽고 독후감 제출	* 500자 이하는 인정 불가 * 자필로 작성하고, 워드 작성은 인정 불가
보너스점수	100	상하반기 점수를 비교하여 향상된 아동 선정	초 3명, 중 1명, 고 3명

(3) 캔디 & 벌점

'캔디'라는 것을 실행하고 있는데 캔디표에 있는 기준을 실행했을 때 점수를 적립하는 것으로 생각하면 됩니다. 적립된 만큼 용돈을 받을 때 추가로 받을 수 있습니다. 용돈이 부족한 아이들에게 좀 더 용돈을 주기 위한 방법입니다. 물론 벌점도 있습니다. 욕설, 규칙 어김, 싸움, 흡연 등을 했을 때 벌점을 주고, 벌점에 따라서 심부름을 시킵니다.

캔디 & 벌점 기준표

내용	점수	비고	내용	점수	비고
상장	20		무단외출	30	세부 기준 '라'
설거지	10		무단외박	50	
청소	5 ~10	세부 기준 '가'	욕설	15	특정대상
				5	혼잣말, 무의식적 욕설
제설작업	30		몸싸움	40	
심부름	5	세부 기준 '나'	말싸움	10	
원내 기물 및 타 아동 물건파손시	50	세부 기준 '다'	음주, 흡연	50	
남의 물건 허락 없이 사용하기	10		생활지도원의 권위에 도전하는 말과 행동	50	세부 기준 '마'

캔디 & 벌점의 월별 정산

가. 벌점과 캔디 금액을 합산한 금액만큼 용돈으로 지급.

나. 벌점 100점 이상: 원내 봉사 활동

초등학교 저학년 1~3학년 : 2시간

초등학교 고학년 4~6학년 : 4시간

중고생: 10시간

봉사 활동 내용은 사무실에서 지정.

다. 벌점 200점 이상:

생활복지사 또는 사무국장 원장 면담 후 원내 봉사 활동 + 게임 시

간 제한 + 학습시간

초등학교 저학년 1~3학년 : 2시간

초등학교 고학년 4~6학년 : 4시간

중고생: 10시간

라. 벌점에서 캔디 점수를 차감하여 100점 이하일 경우 봉사 활동은 생략하고 게임 시간을 제한.

벌점 60점- 3일 금지, 80점- 4일 금지,

100점- 5일 금지, 120점- 6일 금지

핸드폰, 노트북, 패드 모든 기기의 게임을 제한.

평일 등교 시에는 주말 게임 시간 제한

캔디 & 벌점 시행에 대한 세부 기준

가. 개인이 사용하는 방 청소의 경우 캔디를 지급하지 않음.

　　청소 구역에 따라 차등 지급.

나. 심부름은 생활지도원과 아동이 사전에 약속하여

　　심부름의 경중에 따라 합의한 캔디금 지급.

다. 원내의 기물 및 다른 아동의 소유물을 파손했을 경우,

　　아동의 개인 결연후원금에서 물건 값을 지불함.

라. 무단외출은 허락 없이 외출했을 때와 정해진 귀가 시간을

　　지키지 않았을 경우에도 해당.

　　귀원 시 역에서 집까지 2Km를 걸어야 하는데,

　　안전상의 이유로 귀가 시간은 20:00로 함.

마. 생활지도원의 권위에 도전하는 일체의 행위들을 포함함.

　　훈육을 무시하는 행동과 고성, 비속어 사용 등.

O월 캔디표

아동명	5	10	15	20	25	30	35	40	45	50	55	60	65	70	75	80	85	90	95	100
친구 — 김OO																				
친구 — 이OO																				
친구 — 양OO																				
예절 — 김OO																				
예절 — 이OO																				
예절 — 양OO																				

7) 효과적이지 않은 보상

(1) 학습과 컴퓨터(핸드폰)를 연결하는 보상

약속한 학습량을 다 했을 경우 컴퓨터나 핸드폰을 할 수 있는 시간을 늘려주거나 다하지 못한 경우 시간을 줄이는 경우가 있습니다. 이런 경우 컴퓨터 하는 시간이 점점 줄어들면 짜증을 슬슬 내기 시작해서 좋지 않은 보상인 것 같습니다. 학습에 대한 보상은 학습량을 줄여주거나 좋아하는 과목을 공부하거나 하루 정도 하지 않도록 해주는 것이 더 좋습니다.

(2) 금전적 보상

시험을 잘 봐서 상품권으로 보상을 주었는데 나중에는 대놓고 달라고 하는 경우가 있습니다. 금전적 보상보다는 칭찬이나 포옹과 같은 사회적 보상이 좋을 듯합니다.

(3) 일시적, 즉흥적 보상/과한 보상

선생님의 기분에 따라 주는 보상이라고 느껴지면 행동 변화가 잘 이루어지지 않습니다. 무엇보다 보상은 다른 사람도 그 아이가 보상받는 것에 대해 수긍할 수 있어야 합니다. 그리고 방금 말을 잘 들었다고 해서 상품권을 주는 것은 과한 보상이라고 생각합니다. 사탕이나 간식 정도를 주는 것이 적당하게 보입니다.

사비로 간식이나 옷을 아이들에게 사주는 경우가 있었는데, 아무래도 선생님이 예뻐하는 특정 아이들에게 몰리면 차별이 되어버립니다. 그래서 생일 이외에 특별한 일 없이 주는 것은 금지하고 전체로 주는 것은 가능하게 기준을 세웠습니다.

2
선생님들을 위한 보상

1) 숨 고르기

(1) 차 한잔, 회식, 워크숍

 사실 선생님들에게 쓸 수 있는 돈은 거의 없어서 차 한 잔 사드리기도 쉽지 않습니다. 이를 위해 지정 후원으로 받을 수 있도록 제안서를 냅니다. 사례회의 때는 사례회의비를 꼭 넣어서 차 한잔이라도 함께 하려 합니다.

 31일이 있는 달에는 전체 워크숍을 합니다. 1년에 6번 외부 카페를 예약하고 회식하면서 회의를 합니다. 8월에는 '놀자 워크숍'으로 좋은 곳에 가서 좋은 것 먹으며 놀고, 영화도 보며 저녁에는 한잔합니다. 그리고 그다음 날 아점 먹고 쉽니다.

 일 년에 두 번, 공간을 빌려서 워크숍을 합니다. 밤에 맥주 한 잔씩 하면서 이야기를 매우 허심탄회하게 나눕니다.

(2) 선물

생일이나 특별히 수고하셨을 때 선생님이 좋아하는 책, 쿠폰 등을 보내드립니다. 시설의 어려운 상황을 잘 이겨냈을 때 편지글과 함께 쿠폰을 드리기도 했습니다. 글을 통해 평소에 고마운 것, 이야기해주고 싶었던 것을 소소하게 나눕니다.

힐링 차원으로 한 달에 한 번, 만원 정도의 화장품이나 도서, 생필품을 사고 영수증을 제출하면 원에서 결제합니다.

단톡에 '(해피타임) 요즘 나를 가장 행복하게 하는 것이 무엇입니까?'라고 질문을 남깁니다. 선생님들께서 답을 달면 커피나 케이크 등을 쏘기도 합니다. 고생하신 선생님들 모시고 좋은 카페에 소규모로 가서 이야기 나누고 식사도 합니다.

명절에는 10만원 상품권, 3만원 상당의 선물과 다른 여러 선물을 준비해서 가위바위보나 뽑기를 통해 선물을 나눕니다.

선생님들만의 송년회를 할 때 추첨해서 상품을 드리는데, 다음에 동기부여가 되니까 본인들이 상품을 개발해오십니다. 이렇게 하다 보니 다 같이 화합할 수 있는 이벤트로 확장되었습니다.

원장님들의 Tip.

– 예산 사용이 가장 어려운 부분입니다. 정기적이고 안정적인 보상을 위해서는 선생님들을 위한 "지정후원금"을 마련하는 것이 좋은 방법입니다.

– 프로그램 기획 시, 직원들을 위한 예산을 함께 책정하여 사용합니다.

2) 힘 북돋우기

(1) 외부 표창과 포상

시장상이나 재단상 등을 받으실 수 있게 준비해드립니다. 서류 준비가 많아서 힘들기는 하지만 선생님들에게 격려가 되는 것 같습니다.

(2) 해외연수

시설장이 갈 수 있는 해외연수를 과장님이나 국장님들이 가실 수 있게 해드립니다. 또는 협회 등 외부에서 해외연수를 보내주는 프로그램이 있을 때 우수 선생님들을 선발해서 보내드립니다.

(3) 스포츠활동, 여행

아이들과 함께 여행이나 체험 가는 것을 좋아하는 선생님들에게는 인솔자를 겸해서 활동에 가는 것이 보상이기도 합니다. 그해 우수 선생님이 되시면 그다음 해에 여행을 보내드립니다.

인솔자가 그 활동에 대한 강한 선호가 있는 경우는 근무이면서 동시에 보상의 성격을 가질 수 있지만, 그렇지 않을 경우에는 이 또한 근무의 연장선으로 느껴질 수 있음을 고려합니다.

(4) 심리상담 및 교육의 기회

학대로 들어온 아이들도 많고, 여러 이슈가 있는 아이들이 많아서 선생님들이 매우 힘듭니다. 외부에서 후원을 받거나 제안서를 내서 외부에서 상담받을 수 있도록 체결하나 자주는 못 합니다. 외부에서도 아이들은 지원해주고 싶어 하는데 선생님들에 대한 지원은 거의 없습니다. 선생님들 마음이 건강해야 아이들을 잘 돌볼 수 있는데 말입니다. 스트레스가 차 있는 상태에서는 아이들을 잘 돌보는 것이 정말 어렵습니다. 3년을 견디기가 어렵습니다.

교육의 기회를 제공합니다. 매일 같은 일을 하기에, 내가 잘하고 있는지 모르겠다는 생각이 들 때가 있습니다. 그럴 때 여러 교육의 기회를 통해 자신을 알아가는 것 같습니다. 주제별 전 직원 교육이 있는 날이면 기업에서 후원받아 1인당 비용을 지원하기도 합니다.

3) 보상의 기준

우수 선생님에 대한 기준은 명문화되어있지는 않으나, 아이들에게 얼마나 헌신적으로 잘하느냐, 화가 날 수 있는 상황인데도 참고 너그럽게 잘 대해주느냐 등이며 같이 일하는 선생님들이 거의 다 수긍하십니다. 특히 장기근속을 오래 하신 경우, 저분이 상 받는 것은 지금 시점에서 괜찮다는 공감대가 있습니다. 한번 상을 받으면 연속해서 또 상을 드리지는 않습니다.

아동을 돌보는 일에 있어서 '잘한 점'을 드러내놓고 보상하기란 쉽지 않습니다. 아이를 잘 돌보고 부드럽게 대해주고 아이들이 잘 따르도록 지도하는 것은 누구나 다 할 수 있는 것 아니냐고 생각할 수 있기 때문입니다. 일상 속에서 안정적으로 아이들에게 사랑을 공급하는 것이 중요하다고 생각합니다. 그래서 꼭 필요하다고 생각하는 경우에는 개인적으로 선물이나 식사비를 드리기도 합니다.

4) 효과적이지 않은 보상

(1) 기준이 정확하지 않은 경우

아이들의 보상 기준을 정하는 것과는 달리 선생님들의 보상 기준을 정하기는 쉽지 않습니다. 기준이 정확하지 않다 보니, 보상을 받은 선생님이 원장과의 관계와 동료들과의 관계에서 보이는 모습에 차이가 있을 때, 그 선생님에 대한 동료들의 감정이 안 좋아지기도 합니다. 또는 그 선생님에 대해 잘 모르고 칭찬을 하는 때도 있고, 잘못된 판단을 하는 경우도 종종 있습니다.

실무자들이 말하는 우리 원의 강점

1) 본질을 중요하게 생각한다.

"아이들을 잘 돌본다."라는 가치에 따라서 운영하려고 합니다. 감독관청에 잘 보이기 위해 서류 작업에 너무 많은 에너지를 쏟는다거나, 사람들에게 보이려고 행사를 잘하고 후원금 모금에 힘을 쓰기보다는 본질적인 것에 초점을 두려고 합니다. 선생님들 역시 다른 사람들이 어떻게 보느냐에는 크게 신경을 쓰지 않기를 바라며 일하십니다. 아이들은 이 점을 알고 있습니다. 아이들은 자신들을 돌보는 어른들이 사람들을 의식하여 이 일들을 행하는지, 아니면 진심으로 자신들을 생각해주는지를 대부분 알고 있습니다. 아이들을 잘 돌보고 잘 자라도록 하는 것이 최우선 목표입니다.

2) 선생님들의 제안이 많고 대부분 수용한다.

선생님들이 의욕적 제안을 많이 하시는 편이고 되도록 수용하는 편입니다. 혼자 생각해서 하는 것보다 선생님들이 의욕을 내는 게 좋다고 생각합니다. 이 점에 있어 직원과 아이들이 자부심을 느끼고 있는 것 같습니다.

3) 초등 고학년부터 1인 1실

시설에서 살지만, 가정 같은 시설에서 자랐으면 합니다. 리모델링 공사를 하면서 아이들에게 1인 1실 주는 것을 제일 신경 썼습니다. 방 6개가 있는 50평대 아파트라고 생각하시면 됩니다. 어린아이들은 한 방을 2명씩 쓰고, 초등 고학년부터는 자기 방을 혼자 사용합니다. 커튼이나 블라인드를 자기 맘에 드는 것으로 고를 수 있고, 스탠드도 예쁜 것으로 고릅니다. 방에 들어가면 편안하고 아늑하게 느끼게 하고 싶어서요. 이렇게 되면 내 방에 대한 애착이 있습니다. 동생들도 1인실 쓰고 싶어서 기다리고요. 정서상으로 큰 도움이 됩니다. 물론 '웬 호사야!'라고 말하는 분들도 계십니다. 하지만 사춘기에 접어든 아이들이 자신의 방에서 사생활을 보호받는 것은 중요하다고 생각합니다.

원장님들의 Tip.

발달 단계상 개인적인 공간이 필요한 시기라는 생각에는 공감하고 적극적으로 동의하는 바이지만, 시설의 구조적 특성이나 리모델링 비용 등의 한계가 있다 보니 엄두를 내지 못 하는 실정입니다.

환경이 허락한다면 당연히 개인실에 적극적으로 동의합니다. 상황에 따라 1인실을 만들지 못해 아쉬움이 있고, 고3에게만 개인 방을 사용하고 있습니다. 요즘 일반가정에서는 거의 모두 개인 방을 사용하기에 우리 아이들에게도 그러한 기회를 주려고 노력하고 있습니다.

일반가정에서도 어느 나이가 되면 자녀의 방을 따로 만들어줍니다. 그런데 시설에서는 1인실 쓰는 것에 대해 "그렇게까지?" 라고 생각하는 면이 있습니다. 우리 스스로 가지는 편견이라고 생각합니다. 더구나 요즘 입소하는 아이들은 거의 학대나 방임으로 치료가 필요합니다. 둘만 방을 같이 사용해도 갈등과 싸움이 일어나기 쉽습니다. 치료 차원에서라도 1인실로 아늑하게 환경을 만들어주면 훨씬 많은 도움이 되리라 생각합니다.

4) 퇴소 후 지속적 연결

아이들이 퇴소하고 나서 제일 힘들어하는 것이 외로움입니다. 퇴소한 아이들이 20명 이상 있는데 명절 때 오기도 하고 전화도 합니다. 퇴소 후에 형, 아우, 누나, 동생의 관계를 잘 만들어주고 싶습니다. 봉사자분들과 아이들의 연결도 중요하고요. 아이들이 조금이라도 나가서 의지할 수 있는 누군가가 있으면 좋겠다고 생각하여, 한 아이당 한 가족 연계를 힘쓰고 있습니다.

퇴소한 아이들에게도 생일선물을 보내주고 관계를 이어가려고 합니다. 아이들이 퇴소하고 나면 오고 싶을 때 아무 때나 와서 밥 먹고 가기도 합니다. 쌀이나 김치가 있는지 물어보고 챙겨주고 하면서 정을 느끼는 것 같아요.

퇴소라는 용어를 안 쓰고 독립이라는 말을 사용합니다. 아주 오래전에 독립하셨는데 암에 걸리신 분이 계십니다. 몇 달 동안 시설에서 모시고 있다가 옆에 집을 얻어서 돌봐드리고 챙기고 있습니다. 한 번 온 아이들은 평생 우리 가족입니다. 독립한 아이들 50명이 단톡에 있습니다. 한 달에 20만 원씩 지원하고 그중 일부를 저축하는 것을 오랜 시간 동안 해왔습니다.

5) 교육의 기회, 장학재단 연결

아이들이 열심히 하면 후원해주시는 분이나 장학재단과 연결해서 대학도 보내고 유학도 보내고 있습니다.

6) 동료 간의 시너지

코로나에 걸렸을 때 병가처리를 무조건 해주고 이 경우 다른 선생님들이 들어가서 서로 일을 해주었습니다. 코로나에서 회복하고 온 선생님들이 커피도 쏘시고요. 이렇게 동료 간의 시너지 효과가 나는 것을 보았습니다.

사례팀장님 보육사, 생활지도사라고 부르지 않고 사례팀장이라고 부릅니다. 아이들의 인생 초반을 관리해주는 역할이시니까요 들에게 마카롱, 꽃 한 송이 등을 선물로 드리니 너무 행복해하시는 것을 보았습니다.

아이들은 자신들을 돌보는 어른들이

사람들을 의식하여 이 일들을 행하는지,

아니면 진심으로 자신들을 생각해주는지를 대부분 알고 있습니다.

아이들을 잘 돌보고 잘 자라도록 하는 것이 최우선 목표입니다.

3부.

말의 힘과
양육의 지혜 모으기

1장 아이에게 양육자는 누구인가?
2장 양육자들의 고민

앞에서 '어떻게' 말해야 하는가를 주로 다루었다면, 여기서는 '누가 무엇을 말하는가'를 다루어보고 싶습니다. 말은 힘을 가집니다. 그리고 그 무게는 말하는 사람과 깊은 관련이 있습니다. 비록 말하는 기법들이 세련되고 훈련되었다면 더 큰 효과를 발휘하는 것은 당연하겠지만, 그 힘의 본질은 "말하는 주체의 생활(말과 행동)이 지나온 실제"에 뿌리를 두고 있습니다. 쉽게 말해 아무리 유창한 달변으로 말한다고 한들 일상생활에서 어른들의 말과 행동들이 일치하지 않는, 겉과 속이 다른 모습을 아이들이 보게 되면 아무리 말을 그럴싸하게 한다해도 모두 헛일이라는 것입니다. 아이들에게 진심을 전달하려고 한다면, 그 생각과 말과 행동이 진실해야 합니다. 왜냐하면, 생각에서 말이 나오고 생각에서 행동이 나오며, 행동과 말을 통해 그 뜻이 밝혀지기 때문입니다. 사랑한다고 말했다면 사랑하는 모습을 보여주어야 합니다. 달변을 연습할 것이 아니라, 행동과 말로 진심을 전달해야 합니다. 어느 청소년 전문가가 말한 대로 "수많은, 정말로 수많은 떡볶이가 있었다.[1]"라고 할 수 있어야 합니다.

---

1   수많은 청소년을 상담하고 바른 데로 이끌었던 청소년 지도자의 말로, 상담을 원하는 아이들을 아무런 조건을 붙이지 않고 떡볶이를 먹이고, 돌려보내고, 먹이고, 돌려보내고를 수없이 반복했다는 데서 나온 얘기이다. 출처는 유튜브 https://www.youtube.com/watch?v=l60EkUI-9WY

앞에서 나온 말과 보상의 수많은 좋은 제안들도 진심이 거기에 없다면, 결과만을 보려고 기법만을 채택한 것이라면 별로 효과가 없거나, 있더라도 단기간에 그칠 것입니다. 진심이 전달되면, 효과가 있으리라는 것을 믿어야 합니다. 현대인들은, 믿는 것 같으나 대부분 믿지 않습니다. 진심도 믿지 않으며, 있더라도 전달할 수 없다고 생각합니다. 그러나 실제로 진심은 효과가 있습니다. 가늠할 수 없는 것은 그 시기와 때입니다. 마음은 물질이 아니기에, 눈으로 볼 수 있게 금방 결과가 나오지 않습니다. 그래서 믿음이 필요합니다. 먼저 믿고, 혼란스럽지 않고 일관되게 진심을 전해야 합니다. 그렇게 하면 결과가 따라오게 됩니다.

말과 표정, 제스처를 일관되게 유지한다는 것도 같은 맥락입니다. 상대가 혼란스럽지 않게 해야 합니다. 마음속에 진심이 있다고 한들 나의 습관과 행위가 자꾸만 진심과 어긋난 메시지를 준다면, 아이들은 혼란스럽게 되고 결국 내가 전하려는 메시지 전부를 불신하게 되거나, 가려서 듣고 싶은 대로 취하게 됩니다. 행동과 일치된 말, 지속적인 전달은 강력한 메시지를 구성하며 그것들은 단지 몇 마디의 말로도 충분합니다. 이제, 여기서는 말을 하는 '주체'인 양육자, 그 주체와 사회와의 관계, 그리고 양육자 간의 연대에 대해 조금 더 깊이 논의해보겠습니다. 몇 가지 풀지 못하고 있는 고민도 함께 말입니다.

1장

아이에게 양육자는 누구인가?

1.
양육자의 자리
– 돕는 친구

　가정의 돌봄을 받지 못하고 아동양육시설에 맡겨져 자라게 되는 아이들에게, 양육시설의 양육자는 어떤 위치에 있는 사람일까요? 일단 친부모는 아닙니다. 입양을 거친 것이 아니니 새엄마/새아빠도 아닙니다. 양육을 하지만 '영구적인 양육자'가 아니라는 얘기이고, 권한과 지위도 제약이 많습니다. '부모의 역할을 대신하는 것이다'와 '그냥 단순히 잠시 맡아서 기르는 일만 하는 것이다'라는 양쪽 극단의 관점 사이에서 합의와 지침이 나오지 않은 상태라고 생각합니다. 권한과 지위가 어떻든 아이를 키우는 과정에서 훈육과 생활지도를 해야 하는데, 지침이 모호한 상태에서 아이들을 양육하니, 빈번하게 시행착오가 생기고 갈등이 빚어지는 일을 피할 수 없습니다.

　그러나 어떻게든 아이에게 필요한 공급과 돌봄을 해야 하는 아동양육시설에 속한 양육자의 역할을 규정하는 일은 필요합니다. 역할과 위치, 그리고 경계를 규정해야만 주어진 권위와 자원을 적절히 돕는데 사용할 수 있으니까요.

양육자의 처한 위치 Position 를 두 가지로 유형화해 볼 수 있다고 생각합니다. 첫 번째는 사감, 두 번째는 유모입니다. 사감은 관리자이기 때문에 시스템이 돌아가도록 하면 되고, 개별 사생들이 어떻게 일상을 살아가는 것까지 신경 쓰지는 않습니다. 규칙이 제대로 지켜지도록 감독하는 역할만 하지요. 그에 반해 유모는 모든 것이 제때에 제공되도록, 돌보고 수고하고 관여하는 사람입니다. 사실 이 두 유형 모두 영속적인 양육자로서는 바람직하지는 않습니다. 유아라면 유모가 필요합니다만, 아이가 언제까지나 유아 상태로 머물러 있을 리가 없습니다. 그러면 사감이 최선의 모델일까요? 개입이 필요할 때조차, "독립성을 존중하니까" 멀리 서서 가만히 있다면 어떨까요? 이건 자율성을 핑계로 내버려 두는 일에 가깝습니다. 성장을 하는 어린이나 청소년들을 위해서는 적절한 개입이 필요합니다.

부모가 아니지만, 어느 정도 부모 역할도 하면서 그렇다고 너무 간섭하지도 않는 유형이 있을까요? 있습니다. 바로 '친구'입니다. 친구는 친밀하지만 적절한 거리가 있습니다. 가족은 아니지만, 가족 이상으로 사랑하고 수용하고 돕습니다. 흔하지 않지만 가능한 관계입니다.

양육자의 위치를 '돕는 친구'로 생각하면 어떨까요? 지인 아는 사이 이 아니라, '친구' 말입니다. 요즘은 유아들/어린이들조차 같이 노는 놀이 동무를 지칭하는 말로 '친구'라는 용어를 쓰게 되어, 의미가 많이 희석되었는데, 여기서 말하는 친구란 '지인'이나 '동료'와 달리, 생명과 안전에 관한 진실을 털어놓고 도움을 구할 수 있는 가깝고 친밀한 사이의 관계를 말합니다. 친구는 법적인 지위를 가지지 않지만, 도덕적인, 관계적인 차원에서 자발적으로 의무를 진 상대입니다. 어떤 사람이 사고를 치거나 문제를 일으켰고 이를 스스로 해결하지 못해서 사회적인 개입이 필요한 경우에, 가족이라면 당연히 법률적인 연관성이 있고 책임을 일부 요청받습니다.

하지만, 그 사람의 친구에게는 그 법률적인 의무를 지울 수 없습니다. 친구란, 법률이 요구해서가 아니라 스스로 그 의무와 부담을 자청하는 사람입니다. 따라서 '사회가 기르는 아동'에 대해 공식적인 의무는 없지만, 스스로 자청했기에 그 의무와 부담을 기꺼이 감수한다는 면에서 친구라는 존재와 통하는 부분이 있다고 봅니다. 다시 한번 강조하지만, '친구'는, 놀이 동무나 지인을 뜻하지 않습니다. 오히려 나이나 세대, 사회적 지위, 태어난 지역 등 여러 차이에도 불구하고 인간으로서의 연대감, 애정과 호감, 그리고 안전에 대한 책임감과 부담감을 가지는 사이라고 말할 수 있겠습니다.

2
양육자의 말
– 마음 중심에 있는 진실한 권고

돕는 친구의 역할을 자청하는 양육자의 말은 지배나 조종이 아니라 '마음 중심에 있는 권고'일 것입니다. 때때로 쓴 말이 될 수도 있으나 진심에서 비롯된 권유, 정직한 말은 결국 아이를 일으켜 세웁니다. 결과를 볼 수 없고, 자신할 수 없는 상황에서도 진실한 권고를 해야 합니다. 친구란 원래 그런 존재니까요. 결국, 그 말이 아이의 마음 깊은 곳에 자리 잡아 우리가 보지 못할지라도 아이의 삶에 영향을 주게 될 것입니다.

칭찬이 그저 귀에 듣기 좋은 말이라면, 결국은 아동도 그걸 알아차리게 됩니다. 현실이 막막하고 답답한데, 그저 듣기에만 좋은 말이 지렛대로 작용할 리는 없습니다. 그렇다고 막막하고 답답한 현실을 한탄이나 넋두리처럼 계속 반복하는 것만큼 패배적인 것도 없습니다. 당연히 공감도 필요합니다만, 결국 아동에게 필요한 것은 세상과 맞설 수 있는 '용기'이고, 진실한 '격려'입니다. 어른들은 양육자이기도 하지만, 선배이기도 합니다. 그 말은, '칭찬과 격려'가 단지 말하는 기술에 있지 않다는 걸 알려줍니다. 하지만, 더 중요한 것은 '아이들과 함께 있는 사람의 진심'입니다. 정말로 한 아이의 현재와 미래를 염려하는 마음, 염려하지만 스스로 헤쳐나가야 하는 아이에 대한 긍정과 진실한 태도입니다.

준비가 되었든 안되었든, 20세 즈음이 되면 아이는 더는 아이로 있지 않고, 신체의 성장과 더불어 어른이라는 칭호를 가집니다. 내면의 아이를 성장시키지 못하면, 결국 혹독한 대가를 치르며 어른이 되는 과정을 겪을 것입니다. 그보다는 먼저 양육자에 의해 아이가 어른이 되는 과정을 거치는 게 낫습니다. 먼저 준비시키고 연습시키고 단련하여야 합니다. 미루다가 어느새 훌쩍 자라버리고 나면, 기회의 문은 닫히고 더 난처한 상황이 계속 이어지게 됩니다. 그래서 아이와 청소년 시기에 책임훈련을 시작해야 합니다. 이때 '마음 중심에 있는 진실한 권고'가
필요합니다. 청소년이 '듣기에 좋은 달콤한 말'과 '진실한 권고'를 분별할 수 있도록 하고, 자신의 선택에 책임을 지도록 하는 과정을 무수히 통과하도록 하는 것이 결국은 자주적인 삶을 사는 방법이며 자립입니다.

진실한 권고를 하는 일은 결국 홀로 인생의 길을 가는 아이들에게 등불을 켜주는 것과 같습니다. 나를 둘러싼 사람들로부터 지속해서 들었던 진실하고 따뜻한 말들은 결국 캄캄한 현실을 마주해야 할 때, 폭풍 같은 역경을 만날 때 등불이 되어줄 것입니다.

2장

양육자들의 고민

1
내부적 고민
– 조직 분위기

  양육자들은, '아이들을 보호하고 양육하고 돌보아야 한다.'는 총론에서는 동일한 의지를 가지지만, 구체적인 각론 즉 실천에 들어가면 아이의 양육과 적절한 타이밍에 대해서는 다양한 의견을 가집니다. 아무리 이상적인 면을 갖춘 양육자라 하더라도, 혼자서 그 모든 아이를 돌볼 수는 없으므로 '양육시설'이라는 조직이 필요하고, 양육을 위한 최소한의 규칙과 질서가 필요합니다.

  그런데 규칙이 점점 많아지면, 규칙들이 아이들을 돌보는 것처럼 생각하기 쉽습니다. 그 규칙을 만들었던 원래 의도와 목적을 잃어버리고, 과도하게 규칙을 중요하게 여겨 아이들에게 규칙을 강요하게 됩니다. 심지어 자신도 규칙을 지키는 게 최선이라고 굳게 믿어버리기도 합니다.

하지만, 아이들은 규칙을 지키려고 양육시설에 오지는 않습니다. 사랑받고 공감받고 이해받으려고 옵니다. 그런 입장의 차이 때문에 자주 규칙을 어기고, 규범에 도전하며, 혼란과 마찰을 빚습니다.

양육에 대한 이견이 있을 때 양육자들이 서로 대립하거나 갈등하면, 양육자는 아이들에게 존경을 잃게 되며, 존경을 잃으면 권위도 흔들리게 됩니다. 화합을 이루기 위한 초석은 혼란과 갈등상황이 오더라도 믿음을 잃지 않고, 인내하며 소통하는 것입니다. 양육자가 서로에 대한 존중을 잃어버리면, 아이들은 불안정한 어른의 말을 듣기보다 각자 살 궁리를 하게 됩니다. 아이들의 불화와 다툼은 결코 아이들이 먼저 시작한 것이 아님을 알아야 합니다. 흔들리는 아이들 뒤에는 반드시 흔들리는 보호자들이 있습니다. 이견이 있음에도 불구하고 양육자들이 서로를 존중하며 다툼을 자제하는 모습을 보게 되면, 아이들은 어른들을 존경하게 되고 따르려는 태도를 보이게 됩니다. 양육자 간의 긍정적인 관계는, 아이들의 긴장과 불안을 잠재우는 매우 효과적인 치료제입니다.

양육자 간의 긍정적인 관계는 그냥 생기지 않습니다. 반드시 서로에 대한 신뢰와 존중, 그리고 우호적인 분위기가 있어야 합니다. 분위기 atmosphere 는 중요한 요소입니다. 어떤 조직이든 자신만의 문화, 그들만의 분위기를 가집니다. 이것은 시간이 지나며 천천히 형성되기 마련인데, 일단 한 번 형성이 되면 모든 것에 영향을 미칩니다. 긍정적인 분위기, 우호적인 관계에서는 주고받는 언어도 다르게 구성됩니다. 이런 언어의 숲이 그 안에 편안하게 거할 공간을 만들어냅니다. 다른 의견과 개성을 가진 양육자들이 서로 배려하고 화합하며 자신의 주장을 고집하지 않고 경청하는 관계라면, 그런 모습을 통해서 아이들이 의견을 조정하고 자기를 절제하는 법을 배울 것입니다. 좋은 양육의 토양이 되는 것은 두말할 나위가 없죠. 하지만, 인간 세상에서 어느 정도의 긴장과 갈등은 없을 수 없습니다. 긴장과 갈등을 어떻게 다루느냐, 어떻게 극복해 나가느냐가 더 중요한 것 같습니다.

2
외부적 고민
– 사회의 시선

　사람을 돌보는 일은, 특히 혈연이 없는 타인의 아이를 계속해서 돌보는 일은 간단한 일도, 쉬운 일도 아닙니다. 따뜻한 마음을 품고 있는 양육자들을 훈련하고 격려하면 어느 정도까지는 그 따뜻한 마음을 유지할 수 있습니다. 그러나 전쟁 같은 상황이 한 번씩 몰아칩니다. 공격이 있고 거짓말이 있으며, 반항과 거부가 있습니다. 위장된 호의도 있고, 거절 받으면 폭풍 같은 분노도 휘몰아칩니다. 이런 상황에서는 모두가 쉽게 지치고 소진됩니다.

　사회와 양육자들 사이에서 일어나는 어려움이 있습니다. 첫 번째는, 일시적 관심과 양육자에 대한 무관심입니다. 사회는 아이들을 도와주려는 마음이 많고, 실제로 후원도 하고 기부도 합니다. 그러나 찬찬히 들여다보면 그런 측은지심은 한정적이고 일시적입니다. 그리고 정작 아이들을 매일매일 만나는 양육자들에 대해서는 큰 관심이 없습니다. 용기를 내어 자발적으로 했던 수고가 지지를 얻지 못하고 무시당하거나 혹은 공격을 받게 되면, 자발성은 움츠러들게 됩니다.

두 번째는 불신입니다. '돈을 어떻게 쓸까? 아이들을 잘 대하는 걸까?' 하는 부분에 대해 불신 어린 눈으로 쳐다보는 사람들이 있습니다. 물론 양육시설에 대한 불신에는 어느 정도 양육자나 기관 스스로가 자초한 면도 있습니다. 불편한 사건이 터지면 이는 엄청난 실망으로, 그리고 결과적으로 대대적인 불신으로 이어집니다. 양육자 탓을 합니다. 그렇게 함으로 사회의 무관심과 도덕적인 책임감을 내려놓으려는 마음도 저 밑바닥에 있을지 모르겠습니다.

이런 일들은 오랜 시간이 쌓여 형성된 인식과 시선이므로 누군가가 한 번에 바꿀 수는 없습니다. 따라서, 기관 자체 내에서 여기에 대해 대비를 하는 것이 좋으며, 이런 면에서 양육자들의 연대가 중요합니다 이 이야기는 뒤에서 다시 다루겠습니다 . 또한, 이 시선들을 바꾸는데 많은 수고와 시간과 노력이 필요합니다. 이런 노고를 기꺼이 감내해야 하는 이유는 아이들이 그 혜택을 입기 때문입니다. 아이들을 돌보는 사람도 그 덕을 보고요.

시설에서의 양육이란 어떻게 보면, 모두가 자기 살기 바쁘고 분주하며 남을 돌아볼 여유가 없는 세상에서 자신의 혈육도 아닌 아이를 키우겠다고 동분서주하는, 강을 거슬러가는 연어와 같은 일입니다. 하지만, 아이를 성장시키는 일은 그만큼 가치 있는 일입니다. 가정이 깨어진 한 아이가 가난과 수치라는 굴레를 벗어나, 자립하고 직장을 들어가고 자신의 가정을 돌보도록 하려면 3년에서 19년 정도가 걸립니다.[1] 장기 프로젝트입니다. 아직 우리 사회가 일반적인 자연의 법칙을 거슬러가는 듯한 양육자들에 대해 진지한 지원과 격려를 별로 하지 않는 상황에서, 양육자들이 세상[2] 에서 중력과 긴장을 느끼는 일은 일상적이라고 보아야 합니다.

아이들을 양육하면서 얻는 기쁨과 어려움, 세상에서의 중력과 긴장을 경험하는 양육자들은 무언의 룰을 형성하게 됩니다. "'사명감'은 내색하지 말고 속에 품고, 겉으로는 '무덤덤한 직업인'으로 처신하자."와 같은 것입니다. 자신을 보호하기 위한 이런 태도가 오래되면, 결국 내면의 사명감은 점점 희석되고 직업인 같은 모습으로 바뀌게 됩니다. 내면의 순수성을 지켜보고 싶지만, 사명감과 보람으로 시작했던 모습을 안팎에서 공격하는 일이 계속되고 따뜻한 의지를 살아 있게 하는 외부의 에너지 공급이 줄어들게 되면, 냉담하고 무정하게 석화되어버리는 현상이 나타납니다. 이런 일은 사람

---

1 가장 빨리 아동시설에 도착한 아이는 태어난지 사흘만에 도착한 아이도 있습니다. 그러니까 만 0세에서 16살 이내의 아이들이 아동양육시설에 오게 되며, 그때부터 어른이 되는 기간을 말합니다.
2 여기에서 세상이란, 그래도 어느 정도 공동체적인 성격을 가진 사회와는 달리, 생존경쟁을 해야 하는 세속적 환경이며, 사회도 그 속에 집단으로 포함하는 개념입니다.

을 섬기는 직업군[3] human service profession 에서 자주 나타납니다.

그럼 우리는 어떻게 해야 할까요?

3 간호사, 견습의사, 응급실 담당자들 등. 약자들을 돕는 직업군이, 휴식과 재충전없이 고강도/고긴장의 업무량에 과로, 낮은 처우 등 불리한 여건이 동시에 작용하게 되면 심리적으로 석화되는 현상이 생길 수 있습니다.

3
양육자들의 연대가 필요하다

외부에서 오는 보상이나 지원은 약하고 때로는 방해가 되기도 합니다. 에너지는 반드시 어디선가 공급되어야 합니다. 채워지지 않고 소비되기만 하는 에너지는 반드시 어느 시점에서 고갈되어버립니다. 3~5년 차 사회복지사, 상담가, 응급구조대원이 쉬거나 재충전이 필요한 것도 이 때문입니다. 이때, 양육자들과의 연대를 통한 충전은 서로에 대한 격려이기에 중요합니다. 말하자면 자가발전 같은 것이죠. 자가발전은 물론 한계가 있습니다. 하지만, 외부사회로부터의 안정적인 지지를 받지 못하는 사회에서는 단기적으로는 도움이 되겠지요.

''말하기와 보상'을 통해 아이들에 대한 양육의 지혜를 다듬는다'라는 것이 이번 책의 주제이지만, 양육자들의 이런 시도는 우리 사회에서는 '경험해보지 못한 방법을 시도하는' 실험성이 있다는 것을 얘기하지 않을 수 없습니다. 한국의 전통적인 자녀 양육은, 어느 사회보다도 강한 봉건성과 규범성이 있는 상태에서 근대화의 충격을 경험하면서 가장 급격한 변화를 경험한 영역이기도 합니다. 한국은 세계사에서 보기 드물 정도로 압축적인 성장을 했고, 식민

통치와 전쟁, 가난한 나라와 산업화, 민주화 등 짧은 시간에 대단히 많은 성장통을 경험해야 했습니다. 이런 과정에서, 전통적인 양육은 각 가정이 가장 손쉽게 공격받았던 정신문화였고, 아이들은 가장 손쉬운 희생물이었으며, 가족은 그 모든 아픔의 분출대상이었습니다.

이 과정을 요약하자면 다음과 같습니다.

1. 한국사회는 유례없는 압축성장을 했다.
2. 그 과정에서 가정들이 많은 희생을 담당했다.
3. 그 가정에서 성장했던 개개인들이 수많은 상처를 입은 것이다.
4. 이제 제대로 하려고 하는데, 가정을 어떻게 꾸려야 할지 모르겠다.
5. 양육도 잘 하고 싶은데, 양육을 어떻게 해야 할지 모르겠다.

이런 상황에서 우리는 각자가 알아서 고민하고 노력하면서 양육을 해왔습니다. 이 과정에서 수많은 시행착오도 있었고, 실수도 있었습니다. 그것을 인정해야 합니다. 양육자들은 신이 아닙니다. 길 없는 길을 가는 동안 실수와 착오가 있었다고 해서 그들을 비난하는 것은 지혜로운 것도 아니고, 성숙한 행동도 아닙니다. 엄청난 악조건에서 고군분투했던 그들의 노고에 대해 제대로 된 치하와 격려를 이 사회가 해야 할 시점이라고 봅니다.

또한, 이 시점에서 우리는 그동안의 방법들을 아우르는 '양육의 지혜'를 모을 시점에 도달했다고 생각합니다. 각자도생의 방법으로 해왔던 방법들을 모으고 고민해보고, 그러면서 다듬은 형태의 양육방법을 만들 때가 되었다는 얘기입니다. 이렇게 하려면 각자가 처한 환경에서 실행해왔던 방법들을 열어놓고, 양육자들이 서로를 돕는 마당을 만들 필요가 있습니다. '실험'에는 실패가 따르는 법입니다. 그리고 잘 하려다가 이른 실패에는 너그러워야 합니다. 물론 잘한 일에는 칭찬과 박수를 아끼지 말아야 합니다. 그것이 양육자들의 연대입니다. '과연 이 방법이 맞는지', '다른 대안이 없는지', '있다면, 그걸 추진할 수 있는지'를 끊임없이 물으며 길을 찾아가야 합니다. 대안들이 모이면, 표준적인 방법으로 정착시킬 수도 있습니다. 꼭 그대로 따라야 할 필요는 없지만, 본보기는 되겠지요. 이 연대 자체가 양육자들에게 힘이 되고, 격려가 될 것입니다. 함께 가면 멀리 갈 수 있으니까요.

1. 아이들이 생각하는 쓴소리란?

'너희들에게 쓴소리란 뭐니?'라고 초등학생 아이들에게 물었을
때, 다음과 같이 대답했습니다.

- 듣기 싫은 말이요.
- 잔소리 같은 거요.
- 필요하다고 생각해요.
- 뭘 잘하라고 하는 거요.
- 해야 하는 걸 이야기해주는 거요.
- 듣기는 불편한데 이모들 말은 정확하니까, 해야 하니까 어쩔 수 없
  이 들어야 하는 거요.

아동들은 선생님의 쓴소리를 듣기 싫거나 잔소리라고 생각하였고, 무엇인가를 하라고 지시하거나 요구하는 말들로 생각하고 있었습니다. 그러나 그 말이 틀리거나 잘못된 것이 아니라는 것을 인지하고 있었습니다. 아직 인지적으로 어른의 의도와 마음을 추론하여 헤아리기는 미숙하여서 단편적인 쓴소리로 생각하는 경향이 있었습니다. 따라서 일상생활지도를 하면서 쓴소리를 하되, 그것이 미래에 어떤 유익이 있을지 대해 가르치는 말 대신 생각해볼 수 있도록 질문하고 물러서 주는 대화의 공간도 필요할 것 같습니다.

아동들에게 어떤 것이 쓴소리라고 느껴지는지 물어보니, 대부분 일상생활 습관과 연관된 것이나 규범과 관련된 것이었습니다. 학령기는 도덕성 발달 단계에서 자율적으로 선택하고 결과에 책임지는 것을 시도하는 '자율적 도덕성' 시기입니다. 그래서 나름의 자기판단 기준을 가지고 생활하려고 하기에 유아기처럼 어른의 말이 무조건 순종하는 시기는 아닙니다. 그래서 초등학생 시기 아동들은 하지 않아도 큰 불이익이 없다고 생각하거나, 무조건 해야 하는 사회적인 공동규칙이 아니라면 꾸물거리고 자신이 해야 하는 일로 생각하지 않기도 합니다.

에릭슨은 학령기를 '근면성 대 열등감 시기'로서, 무엇인가를 꾸준히 노력하여 성취감을 획득하는 시기라고 말합니다. 즉 성장을 위해 건강한 습관을 자신의 것으로 내재화하는 지지부진한 시기라는 것입니다. 그래서 초등학생들이 일상생활 습관과 자기조절을 권고하는 이야기를 쓴소리라고 느끼는 것은 당연합니다. 우리가 기억해야 할 것은 꾸준히 노력해서 성취 경험이 쌓아지지 않는다면 사회적 상황과 관계에서 열등감을 느낄 수 있다는 것입니다. 그러므로 아동이 노력했을 때 성취 가능한 정도의 개별적 수준의 과업을 지도하여 근면성을 차곡차곡 획득하도록 지도하는 것이 중요합니다.

2. 듣기 싫은 말

아동들에게 쓴소리가 옳은 말이라는 것은 알지만, 듣기 싫을 때가 언제인지 물어보았습니다. 아동들의 이야기를 들어보니 말속에서 날카로운 어조가 느껴지거나, 비난이 섞인 말이 있거나, 어른이 아닌 손위 형제가 잔소리하거나, 자기편을 들어주지 않는 상대방을 옹호하는 말을 할 때, 반복적으로 말을 할 때 듣기가 싫다고 말합니다. 결국, 말의 의미와 지시내용이 불편하기보다는 말하는 사람의 의도와 비언어적인 태도, 관계에서 지지받지 못한다는 느낌에 귀인하고 있습니다. 즉, 의사소통에서 듣기 싫다는 불편감이나 갈등은 말이라기보다는 말을 담아내는 태도와 마음이라는 것입니다.

의사소통에서 아동이 듣기 싫어서 빈정거리거나 회피하는 태도를 보며 선생님이 기분이 상하는 감정적 갈등이 생기지 않으려면, 아동에 대한 불편한 감정을 느낄 때 선생님이 적극적인 의사소통을 시도하기보다 잠시 경계를 두는 것도 도움이 됩니다.

한편, 아동들은 듣기가 거북한 말이지만 도움이 되는 쓴소리가 있다는 것도 알았습니다. 선생님의 쓴소리가 자신을 돕고 선생님이 아닌 자신의 유익을 위해서 하는 말이라고 느낄 때 그것을 알았습니다. 말하는 화자 선생님 가 아닌 듣는 청자 아동 가 자신을 위한 말이

라고 느끼기 위해서는 화자가 청자에게 그 말이 당연히 옳은 것이
니 받아들이라고 하면 안 됩니다. 화자는 그 말을 받아들이는 주체
가 아동이라는 것을 기억하고 말해야 합니다.

3. 듣기 좋은 말

아동들에게 살면서 가장 듣기 좋은 말이 어떤 것이었는지 물어보았고, 아동들이 칭찬, 인정, 격려를 구분하여 인식하고 있는지를 알아보았습니다. 초등학생 아동들은 차이를 꽤 인식하고 있었습니다. 또한, 아동마다 가진 듣기 좋은 말이라는 관점은 타고난 기질에 따라 다르다는 점도 알 수 있었습니다.

칭찬 : 좋은 점이나 착하고 훌륭한 일을 높이 평가하다.
인정 : 확실히 그렇다고 여기다.

1) 칭찬

'칭찬이 뭘까?'
잘 했다는 말이요. 고맙다, 잘했다고 말하는 거요.

'어떤 칭찬이 기억나니?'
오늘은 다 했네.
도와줘서 고마워.
양보에 줘서 고맙다.
칭찬이면 다 좋아요.
동생 도와줘서 고마워.
심부름 들어줘서 고마워.

동생들 가르쳐줘서 고마워.

동생들이랑 노느라고 수고했어.

칭찬을 받으면 기분이 좋아져요.

칭찬은 행복해요.

아동들은 좋은 점이나 착하고 훌륭한 일에 대해 선생님들께서 칭찬하는 모든 말들을 좋아하였습니다. 초등 저학년 아동들은 자신이 좋아하는 놀이를 같이 해주고, 놀이파트너가 되어주는 것도 칭찬으로 느끼는 경향이 있었으며, 초등 고학년 아동들일수록 자신이 꼭 하지 않아도 되지만 선생님을 위해 배려하거나 힘든 일을 감내하는 것에 대해 칭찬해주기를 바랐습니다. 특히, 큰 아이들에게 귀찮을 수 있는 동생을 돌보거나 가르쳐주는 일을 하는 것을 알아주기를 바랐습니다.

2) 인정

'인정은 뭘까?'

- 고생한 거를 칭찬해주는 거요.
- 열심히 한 거를 알아주는 거요.
- 내가 말했을 때, 내가 맞는다고 말해주는 거요.
- 칭찬보다 인정이 더 힘이 돼요. 칭찬은 뭐 하기만 해도 들을 수 있는데 인정은 듣기 힘들잖아요.

- 오늘 숙제를 열심히 했네.
- '이렇게 운동을 잘하다니'라고 해주는 거요.
- 동생들이 거짓말을 하기도 하는데, 내 말을 믿어줄 때요.
- 내가 다른 애들보다 게임을 적게 한다는 것을 인정해줬어요.
- 공부 잘하거나, 누구를 잘 도와줘서 상장받았을 때 너 정말 대단하다고 해줄 때요.

아동들은 칭찬과 달리, 인정은 '자신의 생각이 맞다'라고 인정받거나, 자신이 한 행동보다는 능력을 인정해주는 것이라고 인지하고 있었습니다. 숙제할 수 있는 능력이 있고, 운동을 잘하는 능력이 있고, 자신이 말한 것이 맞으며, 다른 아이들과 비교해 자신이 조절능력이 있다는 것을 알아줄 때 인정받았다고 느꼈습니다.

여러분은 아동을 칭찬하고 있나요? 인정하고 있나요? 아이들은 칭찬을 요구하는 것일까요? 인정을 바라는 것일까요? 우리가 아이들과 상호작용 할 때, 아이들의 욕구가 칭찬인지, 인정인지 구별하여 반응하는 것이 중요하겠습니다.

3) 격려

'격려가 뭘까?'

- 공감해주는 거요.
- 힘내라고 말해주는 거요.
- 힘들 때 위로해주는 거요.
- 기운 내라고 말해주는 거요.
- 잘 할 수 있다고 말해주는 거요.
- 못 했지만 잘했다고, 괜찮다고 응원해주는 거요.

'어떤 격려가 기억나니?'

- 힘들 때, 같이 놀자고 해줄 때요.
- 애쓰는 모습이 너무 예쁘다고 해줬을 때요.
- 반장 후보에서 떨어졌지만 격려를 해줬을 때요.
- 잘하고 있으니까 그대로만 하라고 해줬을 때요.
- 친구랑 싸웠을 때 속상하겠다고 말해줬을 때요.
- 학교 체육 시간에 축구를 졌을 때, 엄청 잘 했는데 아깝다고 말해줬을 때요.
- 괜찮아, 그런 거 가지고 힘들어 하지마, 나도 친구가 없을 때가 있었다고 말해줬을 때요.

아동들은 격려는 힘들거나 속상할 때 위로를 해주거나, 실망하거나 용기가 필요할 때 힘내라고 해주는 것이라고 정확하게 인지하고 있었습니다. 인터뷰를 하면서 참 인상적이었던 점은 고학년일수록 칭찬보다는 인정과 격려가 더 좋다고 분명하게 표현하였고, 격려를 해주면서 다시 한번 도전해보라고 해주거나 잘 할 수 있을 거라고 얘기해주면 많이 힘이 되었다고 하였습니다.

참고문헌

토머스 고든, 〈부모역할훈련〉, 홍한별 옮김, 양철북, 2021.

크리스토프 호르스트 외, 〈미운 4살부터 막무가내 8살까지〉,
  신홍민 옮김, 책그릇, 2007

수비숍, 〈자기주장의 기술〉, 신승미 옮김, 비즈니스맵, 2010.

라이페이샤, 〈말이 마음같지 않아 고민입니다〉, 김경숙 옮김,
  좋은 생각, 2021.

아동양육시설 실무자를 위한 양육가이드북 2

말하기와 보상

초판 2쇄 인쇄 2024년 4월 10일
초판 2쇄 발행 2024년 4월 15일
지은이   정은진, 최은정, 김경미, 서유지, 박지영
감수   박명희
발행인   정강욱, 이연임
편집   백예인
일러스트   김재환
표지 디자인 최동인
내지 디자인 서희원
출판   리얼러닝
주소   경기도 파주시 탄현면 고추잠자리길 60
전화   02-337-0333
이메일   withreallearning@gmail.com
출판등록   제 406-2020-000085호
ISBN   979-11-981307-0-9(13370)